국제개발협력
사업현장 이해

농촌개발 분야
중심으로

국제개발협력
사업현장 이해

김선호 지음

추천 글

농촌개발 분야 전문가인 저자의 열정과 경험이 고스란히 녹아있는 또 하나의 역작. 국제개발협력 프로젝트의 실무 관리 지침서로서, 그리고 아시아, 아프리카, 중남미 전 세계를 누비며 가슴으로 수놓은 지역 입문서로서 손색이 없다.

– 경희대학교 국제대학원 교수 **곽재성**

저자가 농업농촌개발 사업 현장에서 얻은 생생한 경험을 바탕으로 국제개발협력사업의 A부터 Z까지를 담아 수행 입문서를 발간한 것은 이 분야 발전에도 큰 의미가 있다. 이 책은 개발협력 분야 해외사업 현장에 첫 출발을 꿈꾸고자 하는 학생들이나 전문가들에게도 큰 도움이 되리라 생각한다.

– 전) 한국농촌경제연구원 부원장 **최지현**

국제개발협력사업을 수행하다 보면, 예상치 못한 일을 만나 문제를 해결하는 과정을 일상처럼 겪게 된다. 그럴 때는 어떤 것부터 시작해야 할지 당황스럽고, 평상시에 필요치 않았던 이론이나 유사 경험이 절실하게 된다. 새롭게 해외 현장 업무를 시작하는 이들이 어려운 상황을 헤쳐나가는 데 도움을 주는 가이드라인이 되기를 기대한다.

– 농어촌공사, 이학박사/지질지반기술사 **손주형**

국제개발협력에 관한 이론적 지식과 방법론 등을 다루는 책들이 많이 있지만, 저자의 다양한 개발도상국의 개발협력 현장에서 업무를 수행하며 쌓은 지식과 함께 오랫동안 몸으로 부딪치며 경험했던 것들, 고민했던 것들을 이 한 권의 책에서 아낌없이 나누어주고 있다. 개발 협력 분야에 관심이 있는 분들뿐만 아니라 한국을 떠나 낯선 곳에서 새로운 일들을 시작하려 하거나 또 고민하는 분들에게도 많은 도움이 되리라 생각한다.

– 프로그램개발담당관, 국제이주기구
(International Organization for Migration) **심룽**

이 책은 학교에서 배운 프로젝트 강의가 세계 여러 지역의 농촌 빈곤층의 요구에 어떻게 호응하여(locally respond to the needs of the target rural poor) 실행되어야 하는지를 보여주고 있다.

가장 흥미로운 점은 국제개발협력이 커뮤니티가 소유하고 주도하는 내생적 프로세스가 중심이(endogenous process owned and driven by the community) 되어야 한다는 점이다. 외부 개입(external intervention)은 커뮤니티에 권한을 부여하고 역량을 강화하기 위한 일시적인 요소 (temporary factor to empower and capacitate the community)일 뿐이다. 그런 면에서 국제개발협력 분야 학생들이나 분야에 종사하는 분들에게 권하고 싶은 책이다.

– PhD. in Economics, University of Sussex, the UK.,
개발협력 성과, 평가 컨설턴트 **Hung Pham**

프롤로그

2020년 초봄이 오면서 지난날들과 같이 개발협력 대상국의 사람들을 만날 수 있겠다는 생각에 가벼운 설렘으로 생활하고 있었다. 한편, 그동안 여러 번의 장기 프로젝트를 맡아 현지 생활을 하면서 한참이나 미루어진 아내와의 해외여행도 은근히 기대한 것이 사실이었다.

개인적으로 2020년도는 향후 미래의 인생 방향을 최적화해야 하는 시기이기도 하였다. 그동안 일을 우선시했던 오랜 해외 생활을 멈추고 소중한 가족과 소소한 추억을 더 많이 만들어야 한다는 의무감 같은 생각이 들기 시작했다. 이제부터라도 이 두 마리 토끼를 쫓으면서 어떻게 살아갈 것인가에 대한 고민으로 머리가 온통 복잡했었다.

그래서, 이번에는 꼭 가리라는 마음으로 2019년 늦가을, 여행을 출발하기 6개월도 전에 미리 구입한 항공권의 도착지는 지인이 거주하고 있는 아프리카 남아공에 있는 케이프타운이었다.

헌데, 이렇게 계획한 2020년도 첫 해외여행 일정은 봄날이 시작하는 3월이었다. 하지만 연초부터 코로나19로 세상이 웅성거리기 시작하면서 전 세계가 심상치 않더니, 경유해야 하는 싱가포르 공항마저도 외국인의 경유가 금지되어 버렸다. 결국, 여행 일정을 취소해야만 했다. 그래도 몇 개월 지나면 괜찮겠지 하는 막연한 희망을 해보았는데, 그런 나의 희망은 여지없이 부서져 버렸다.

팬데믹이라는 무시무시하고 거대한 틀 속에 꼼짝없이 갇혀버린 어느 날, 직장 동료가 내게 그간의 일들을 정리하여 책을 쓰는 게 어떻겠냐는 권고를 해주었던 것이 생각났다. 그래서 이 책을 시작하게 되었다.

언제부턴가 가끔 프로젝트 현장에서 어설프게 찍은 사업활동 사진들을 들여다보는 버릇이 생겼다. 이에 더하여 내 곁에 뜨거운 커피가 있으면, 그 사진으로 들어가 있는 듯한 친근함을 느낀다. 팬데믹 시대에 새로운 프로젝트나 출장은 없었지만, 글쓰기로 인해 옛 프로젝트 속으로 다시 들어간 셈이 되었다.

이 책은 필자가 줄곧 경험했던 국내 공기관이 시행하는 대외무상원조를 중심으로 한 국제개발협력사업의 실행 현장 경험을 바탕으로 작성하였다. 책에서 나눈 세 개의 파트는 사업 현장 콘텐츠 중심으로 기술하였으며, 책 후반에는 현장 에피소드 모음이다.

전반부의 세 개의 파트에서 기술한 내용은 전문 이론서라기보다는 그동안 사업의 탄생부터 완성까지 현장에서 체험하고 실행해온 다양한 경험을 전달하고자 했다. 한편, 전문가로서 현장에서 필요한 기술용어는 영어로 함께 작성하여 현장실무에 익숙할 수 있도록 했다.

후반부의 에피소드 모음은 유목민처럼 살아온 현장 전문가가 프로젝트의 길에서 가슴속에 남은 지극히 평범한 장소와 사람들을 떠올려 보았다.

꽤 오래전에 국제개발협력 분야 지인과의 저녁 자리에서였다. 과테말라 프로젝트를 마치고 귀국하여 함께 고생했던 일에 관한 얘기로 꽃을 피우면서, 나는 그 프로젝트를 경험한 느낌을 "프로젝트는 마치 살아 있는 생물과 같다."라는 말로 짧게 대신한 적이 있다.

프로젝트가 처음에 계획된 대로 순탄하게 진행되면 좋겠지만, 그런 경우는 많지 않았다. 오히려 국가마다 상이한 사업실행 여건과 해결과제들이 불쑥불쑥 사업의 길목에서 만나야 하는 경우가 더 많았다. 전문가는 현장마다 다른 프로젝트 실행환경에서 최적의 접근방법과 실행체계를 구축해 낼 수 있어야 한다. 그러한 측면에서 이 책이 도움이 될 수 있기를 바라는 마음이다.

경험적 이론과 에세이를 분리하지 않고 함께 묶은 사유는 이렇다. 사실, 장기적인 해외 체재가 뒤따르는 현장 전문가의 길은 일과 삶이 뚜렷이 구분되지 않는 성격도 있다. 이런 연유로, 청년 전문가들이 저자가 일을 하며 얻게 된 에피소드를 통하여 본인들의 미래 길을 선택하는 데에 도움이 될 수도 있겠다는 생각이 들었기 때문이다.

세상이 빠르게 변화하듯, 국제개발협력 프로젝트의 성격과 사업활동과 그 규모도 변화하고 있기에 필자가 고민했던 일부 내용은 더는 거론될 필요조차 없이 사라질 수도 있다. 다만, 이 책이 프로젝트실행의 길에서 예고 없이 찾아오는 각종 위험이나 환경변화에서도 현실적으로 사업 결과를 내야만 하는 청년 전문가들에게 조금이라도 보탬이 되는 글이길 희망해 본다.

책 부록에는 국제개발협력 프로젝트를 형성하는 공식문서, 필자가 경험한 프로젝트 개요와 결과를 포함하여 현장에서 사용한 각종 툴 (Tool)을 수록하였다. 수록한 내용을 통하여 프로젝트의 탄생과 실행 그리고 그 결과를 잠시라도 엿볼 수도 있도록 구성하였다.

먼저, 평가 업무에서 우연히 만나게 된 박성연 전문가에게 감사를 드려야겠다. 진부한 표현으로 작성한 이야기의 문맥을 개선시키는 작업에 기꺼이 함께 해주었다. 지루할 것만 같았던 이 과정은 예상과 달리 오히려 내게 즐거움을 주었다. 글이 좀 더 참신하게 변신을 한 셈이 되었다.

이 책에 프로젝트 사례로 인용한 베트남 라오까이행복사업에는 필자를 포함하여 기관의 전문가, 대학교 교수, 프리랜서 전문가 등 많은 전문가들이 함께했다. 베트남사업 모니터링을 수행한 충북대학교 농업생명환경대학 송양훈 교수팀, 필자와 같은 컨설팅 그룹이었던 보건 분야 영남대학교 의과대학 이경수 교수팀과 대전보건대학교 임재란 교수팀, 지방행정분야로는 영남대학교 행정학과 이환범 교수팀 등과 필자의 전 소속기관에서 다수가 전문가로 참여했다. 하나의 프로젝트에 이렇게나 다양한 분야의 전문가 풀Pool이 사업 기간 내내 수고하였다. 이분들의 소중한 전문지식과 현장 경험 이야기를 책에 담지 못하고 필자가 맡은 분야 위주로 작성하게 되어 아쉽기만 하다.

또한, 사업의 발주자로서 당시 베트남 코이카 사무소의 장재윤 소장팀, 김진오 소장팀을 비롯하여 사무소 직원들의 행정협조와 지원도 있었다. 이분들의 눈부신 활약과 지원으로 인해 무사히 사업이 완료될 수 있었음을 고백해야겠다. 지면을 빌어서 모든 분에게 감사드리고 싶다.

한편, 책 나오기까지 격려와 소중한 의견을 주신 전)농촌경제연구원 최지현 박사, 경희대학교 국제대학원 곽재성 교수, 대외경제정책연구원 이은석 박사, IOM의 심륭 전문가, 이전 직장의 천상진 전문가, 안성수 박사, 최호진 박사를 비롯하여 나의 글 친구 손주형 박사, 평가에 특출한 이일권 박사, 미국 대학교에 있는 허남주 박사, 언제나 열정적인 이성희 박사에게도 감사를 드린다. 비록 이 분야 업무를 하면서 그들을 만나기 시작했지만, 형이나 친구 같은 느낌이면서도 언제나 나의 스승이었다.

사실, 내가 경험한 국제개발협력사업의 농촌개발분야 수혜자는 개발협력 대상국가 내 농촌지역 사람들이었다. 이분들 덕택에 수천 년 조상들로부터 전해 내려오는 현장의 지혜와 경험을 단편적이나마 이해할 수 있었다. 그분들에게 감사를 드린다. 그들은 내게 지혜로운 인생 선배였다.

2021년 4월

김 선 호

목차

PART 03   사업현장에서 유용한 툴Tool 이해

유목민 같은 전문가의 길

PART 01

프로젝트 이해와
실행준비

들어가며

파트 1은 전문가가 해외 현장에 도착해서 최우선으로 해야 할 일들을 주로 담았다. 프로젝트에 참여한 전문가로서 언어도 다른 낯선 곳에서 본격적인 사업활동을 실행하기에 앞서 실행체계와 사업내용을 현장에 최적화하는 것이 중요하다. 현장 최적화가 잘 이루어질수록 사업효과도 커진다.

◆ 제1장에서는 국내외 국제개발협력사업 관련 기관이 지향하는 프로젝트의 의미, 성격 등을 살펴보고, 프로젝트가 나아가야 할 방향을 소개한다.

◆ 제2장에서는 프로젝트가 설정한 목표를 달성하는 데 필요한 기본 사업관리체계의 형성과정을 살펴보았다.

◆ 제3장에서는 프로젝트가 추구하는 목표와 이에 따른 사업내용 및 사업전략을 여러 각도로 살펴보고 소개한다.

각 장의 사례는 필자의 주요 경험을 바탕으로 소개한다. 가장 최근에 수행한 베트남 농업농촌개발 사업 사례 우선시하되, 필요에 따라 탄자니아 사업과 과테말라 사업의 사례를 다뤘다.

"By failing to prepare, you are preparing to fail" <벤자민 프랭클린>
준비에 실패하는 것은 실패를 준비하는 것이다

프로젝트와 농촌개발분야

돛단배 방향을 조정하고 있는 아프리카 청년 어부

사업 초기의 사업활동 방향은 사업결과에
큰 영향을 가져온다고 해도 과언이 아니다.

1. 국제개발협력에서 프로젝트란

프로젝트의 의미는 무엇일까?

프로젝트 관리를 위한 지침서 중의 하나인 PMBOK에서는 프로젝트의 의미를 아래와 같이 간략하고 명확하게 설명하고 있다.

> 프로젝트는 임시적 성격을 갖고 태어나 활동 후 목적물을 만들어 내고 정해진 기간 안에 종료된다.[1]
> - 원문 저자 번역 -

세상에서는 다양한 종류의 무수한 프로젝트가 생겨났다가 약속한 기간이 종료되면 소멸한다. 지금도 세계 곳곳에서 실행되고 있는 프로젝트가 국제개발협력 분야에서는 어느 정도의 비중으로 어떤 역할을 하고 있을까?

주요 국제개발협력 사업 주요 수행기관을 중심으로 프로젝트의 의미와 역할을 살펴보자.

세계 빈곤 종식과 번영 촉진을 목표로 개발 분야에서 다양한 프로젝트를 수행하고 있는 **세계은행(WB)**은 1945년 설립되어 현재 186개 회원국이 참여하고 있다. 이 기관은 '2030년까지 하루 1.25 USD 미만으로 살아가는 인구를 3% 미만으로 줄인다.'라는 목표로 빈곤 해소 이슈를 최우선으로 하고 있다.

---

1) According to the PMBOK® Guide—Fourth edition (PMI, 2008a, p. 434) the definition of a project is "a temporary endeavor undertaken to create a unique project service or result." Projects are temporary and close down on the completion of the work they were chartered to deliver.

홈페이지의 "What we do" 목록에서 기관이 수행 중인 프로젝트를 중심으로 분류하여 관리하고 있다. 이를 통해 우리는 목표를 달성하기 위한 최상의 전략으로 프로젝트를 내세우고 있음을 알 수 있다.

아시아개발은행(ADB)도 현재 86개 회원국의 국가별 실행전략을 토대로 빈곤 해소 문제를 중점적으로 추진하고 있다. 이 기관 홈페이지에서도 'What we do'에서 프로젝트를 중심으로 섹터Sector 및 주제별(농업 및 식량안보, 기후변화 및 재난관리 등)로 관리하고 있다.

개발협력사업을 실행하고 있는 세계적인 두 기관의 경우를 바탕으로 지구상에 만연하고 고질적인 빈곤 문제를 프로젝트를 활용하여 해결하겠다는 의지를 엿볼 수 있었다. 그만큼 프로젝트는 인류적인 문제해결에 중요한 임무를 수행하기 위한 훌륭한 전략적인 도구라고 할 수 있다.

한편 우리가 주로 살펴보게 될 **한국국제협력단(KOICA)**에서는 '프로젝트'를 프로그램 원조Sector Programme Support 또는 국가별 협력프로그램으로 구분하고 있다. 협력 대상국이 개발과제 해결을 위해 스스로 작성한 섹터별 개발프로그램 실행을 KOICA가 프로젝트와 기술협력 등의 여러 가지 방식을 결합하여 지원하는 원조방식으로서, 전략 수립을 시작으로 사업실시를 거쳐 사후관리까지 포괄하는 통합 프로세스를 의미하고 있다.

KOICA의 통계를 살펴보면 프로젝트의 중요성이 더욱 뚜렷하게 드러난다. KOICA에서 수행 중인 9개 유형별 사업 실적 중 프로젝트 항목 예산 비중이 42.6%(KOICA, 2018)으로 전체 집행예산의 거의 절반에 이른다. 이를 바탕으로 국내외 국제개발협력 분야에서 프로젝트형 사업이 중추적 역할을 하고 있다고 알 수 있다.

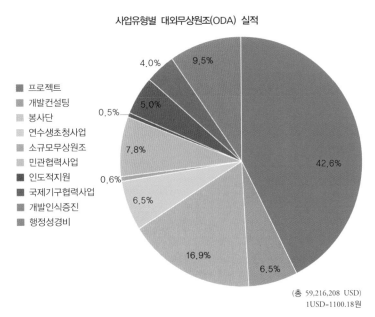

데이터출처: http://stat.koica.go.kr/ipm/os/acms/smrizeAreaList.do?lang=ko

그림 1. 사업유형별 무상원조 실적(KOICA, 2018)

2. 농촌개발분야 프로젝트가 중요한 점

국제연합UN과 전세계 193개 회원국은 2030년까지 국제 사회의 우선해결목표 17개로 지속가능개발 목표Sustainable Development Goals를 정하였다. 그 중에서 첫 번째 목표는 빈곤 퇴치No Poverty였고, 두 번째 목표는 기아 해소Zero Hunger, 식량안보Food Security, 영양개선Improved Nutrition, 지속가능한 농업Sustainable Agriculture 달성이었다. 이러한 빈곤과 먹거리 이슈 등 인류적 과제를 해결하기 위해 오늘도 회원국들은 노력하고 있다.

지속가능개발 목표의 최우선 과제라고 할 수 있는 두 개의 목표는 농촌지역과 가장 밀접한 관련이 있다고 해도 과언이 아니다. 세계인 구의 10%에 해당하는 약 7억 명이 극심한 빈곤에 있으며, 전 세계적 으로 농촌지역의 빈곤율은 17.2%로 도시지역보다 3배나 높다고 한 다.[2] 농업이 인류에게 식량 조달을 가능하게 하고 대부분의 식량 생 산 지역이 농촌지역이기 때문이다.

그렇다면 우리가 습관적으로 사용하는 '농촌'이라는 어떤 의미일 까? 사전에서는 "주민 대부분이 농업에 종사하는 지역이나 마을"로 정의하고 있으며, 한자와 영어로는 각각 農村, Farming Area or Village 이다.

이 의미를 바탕으로 생각해 보면, 농촌개발이란 '주민 대부분이 농 업을 생계로 하는 지역이나 마을을 개발하는 것'이라고 말할 수 있다.

KOICA에서는 농촌개발 분야 프로젝트가 추구해야 할 목표를 '포 용적이고 지속 가능한 농촌개발을 통해 삶의 질 증진에 기여할 수 있 어야 한다'로 설정하고 있다.

우선, 포용적이라는 측면에 대해 생각해보자. 개발도상국의 농촌에 는 가구 단위의 소농이 주를 이루고 있다. KOICA는 소농Smallholer Farmer을 아래와 같이 설명하고 있다.

"개발도상국 농촌의 대다수 주민인 소농이자 여성들은 가구당 경 작면적이 작아 농업 생산성과 낮은 기술로 농사를 짓는다. 그런데도 취약계층의 전 세계 식량 생산에서 차지하는 생산 기여도를 보면 소

---

2) 유엔 새천년개발목표(UN, SDG No. 1) 일부 인용

농이 전 세계 곡물의 50% 이상, 육류의 60%, 유제품의 75%를 생산할 정도로 매우 높다."[3]

또한, "소농은 농산물을 직접 생산함으로써 식량을 자급하고 남는 농산물은 지역 시장에 저렴하게 판매하여 개발도상국 식품 가격 안정화와 가치 사슬Value Chain[4] 측면에서 중요한 역할을 한다."라고 설명하고 있다.

이처럼 개발도상국 농촌에서 소농의 역할이 지대한 만큼 농촌개발 분야 프로젝트 설계 및 형성 시에 소농과 같은 취약계층을 주요 수혜자로 설정하고, 지역 농촌사회의 식량 자급은 물론 향후 농산물 공급자로서 역할을 할 수 있는 활동을 고려해야 한다고 강조하고 있었다.

다음으로 지속 가능 측면에서 살펴보자.

농촌개발은 현지 주민의 생계 향상과 직결되는 분야이다. 프로젝트 그 자체로 일회성이라는 한계를 참작하더라도 농촌개발 프로젝트는 늘 지속성에 대한 지적을 받아왔다.

가끔 농촌개발 분야 프로젝트는 실체가 없다는 말을 들었다. 농업 개발 위주의 사업에서 그 결과로 작물 생산성 향상이 되었더라도 작물을 추수하고 나면 황량한 들판만이 보이는 농업의 특수성이 한몫 거들기도 한다.

---

3) Kremen, C.A. Iles & C. Bacon, 2012. Diversified farming systems: an agroecological systems-based alternative to modern industrial agriculture. Ecology and Society 17(4):44

4) 공급사슬(Value Chain); 생산부터 소비까지 연결되는 행위자(Actor)들의 연결고리를 말한다.

또한, 농업은 자연재해에 아주 취약하여 홍수, 가뭄 등에 의한 수자원 고갈, 병충해 관리 등 외부환경제약 및 위험 요소가 늘 도사리고 있으므로, 사업 과정에서 예측하지 못했던 문제가 발생하기도 하고, 좋은 결과를 낸 이후에 자연재해로 인해 없던 일이 되기도 한다.

아무래도 개발협력사업의 수혜자가 소농 등의 취약계층 위주이다 보니 농업 기술 능력의 향상 어려움, 새로운 기술습득의 한계도 있다. 사업실행 이후에 생산자 조직이나 마을의 시설물 운영 및 유지관리에도 어려움을 겪는 경우가 대부분이다. 이처럼 역량 강화의 어려움이 있어 사업 결과의 지속성이 늘 불안한 측면이 있다.

이렇게 환경적으로 불안한 농촌개발 분야의 사업에 대해 영국의 원조 개발 기구인 DFID[5])에서는 농촌개발 프로젝트 수행에 있어 지속가능한 생계Sustainable Livelihood 원칙을 바탕으로 설계하고 실행하는 것이 중요하다고 강조하고 있다.

이와 같은 DFID의 주장은 농촌개발 프로젝트 현장마다 기후, 토지, 수자원, 생태환경, 가용자원 등의 특성이 제각각 다르기에 중심이 되는 원칙을 적용하여 사업을 설계하는 것이 사업효과나 지속성을 높일 수 있다는 의미로 해석할 수 있다.

---

5) DFID; Department of International Development, 영국 국제개발협력국

〈생계 구성요소〉

"생계Livelihood는 ①능력Capablity, ②자산Asset, (비축Store, 자원Resources, 권리요구와 수용Claims and Access), ③생계수단Means of Living을 위한 활동Activity으로 구성할 수 있다."

〈지속성 조건〉

"지속 가능한 생계Sustainable Livelihood가 되기 위해서는 외부 스트레스Stress나 충격 Shock을 회복Recover하고 대처할 능력Coping Ability이 있거나, 자산Assets과 능력 Capability을 관리 또는 향상할 수 있어야 한다"라고 하였다.

〈지속성 범위〉

또한, "다음 세대를 위한 지속 가능한 생계 기회를 제공할 수 있어야 한다. 중장기 적으로는 다른 지역과 세계 차원에서의 타 생계 활동에도 기여할 수 있어야 한다." 라고 주장하였다.

DFID, Chambers and Conway, 1992: 7).[6]

한편, KOICA가 2018년 분야Sector별로 집행한 사업 실적을 살펴보면 다음 그림 1과 같다. KOICA는 개발협력 사업을 총 7개의 주요 분야(보건의료, 교육, 공공행정, 기술환경에너지, 농림수산, 긴급구호, 기타)로 분류하고 있으며 2018년 기준 프로젝트 집행액 중 분야별 실적을 살펴보면 보건의료(17.2%), 교육(25.8%), 공공행정(18.7%)에 이어 농촌개발이 포함된 농림수산 분야는 12.3%를 차지하고 있다.

---

6) Sustainable Livelihoods: A Case Study of the Evolution of DFID Policy, William Solesbury,June 2003, Overseas Development Institute, London, UK

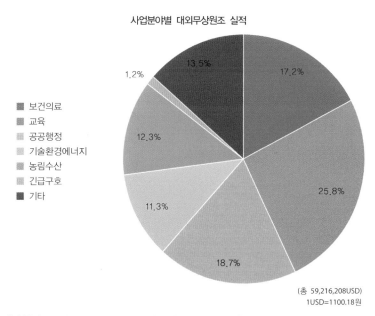

사업분야별 대외무상원조 실적

- ■ 보건의료
- ■ 교육
- ■ 공공행정
- ■ 기술환경에너지
- ■ 농림수산
- ■ 긴급구호
- ■ 기타

13.5%
1.2%
17.2%
12.3%
25.8%
11.3%
18.7%

(총 59,216,208USD)
1USD=1100.18원

데이터출처: http://stat.koica.go.kr/ipm/os/acms/smrizeAreaList.do?lang=ko

그림 2. 분야별 프로젝트 예산 집행액(KOICA, 2018)

필자가 PM으로 참여한 베트남 라오까이 행복 프로그램(프로젝트)는 베트남 북부 라오까이지방 농촌지역에서 3년간 실행되었으며, 세부적으로 보건, 지방행정, 교육, 시범마을 개발, 도로 건설, 새마을/NRD 정책 등 총 6개 사업 부문 활동으로 구성되었으나, 프로젝트 분야에서는 농림수산으로 구분되어있다.

이처럼 한 개 분야 프로젝트일지라도 사업목표에 따라서 보건의료, 교육, 공공행정, 농림수산 등 다양한 분야가 하나의 프로젝트에 포함되어 구성되기도 한다.

제2장
프로젝트 생성과 관리체계

베트남 ODA사업 사무소 현판식 행사

현지 전문가 채용, OA기기, 가구 등 설치를 마치고
공식 오픈 행사를 했다.

1. 프로젝트 형성과정과 참여기회

프로젝트 형성과정을 개발협력사업 실행기관의 하나인 코이카 사례를 들어 설명하고자 한다. 개발협력 파트너 국가 정부가 그 나라에 주재하는 KOICA 현지사무소에 사업수요요청서(PCP)⁷⁾를 제출하게 되면, 한국 정부의 국제개발협력 정책과 국별 전략 등 바탕으로 사업을 선정한다.

이후, 사업 타당성 검토 및 현장 조사 보고서 등의 결과를 토대로 심사와 승인을 거쳐 실제 사업으로 만들어진다. 이러한 사업형성과정은 긴급사안이 아닌 경우 보통 1~2년의 장기간이 소요된다.

만들어진 프로젝트의 시행은 KOICA 직접 수행, 국제기구, NGO 등을 통한 간접 수행의 형태로 이루어지는데, 2003년부터는 프로젝트의 기획 및 관리 용역 시행자로 PMC 제도를 도입하였다고 한다. KOICA 는 계약법을 근거로 공개 경쟁을 통하여 사업수행자(또는 PMC)⁸⁾를 선정하게 된다.

한편, 국내 타 공기관도 개발협력사업의 형성project formulation과 실행은 이와 유사한 조사, 승인절차와 실행 구조를 갖고 있는 것으로 이해하고 있다.

PMCProject Management Consultant라는 전문가 그룹은 사업실행을 위해 중장기적으로 현지에 파견되어 개발협력 대상국 정부와 함께 협업하며 주어진 과업을 수행한다. 전문가팀을 구성하기 위해서는, 사업을 대표할 수 있는 총괄 책임자인 PMProject Manager과 분야전문가Field Expert들이 팀의 주축이 된다.

---

7) PCP; Project Concept Paper ; 개발협력 대상국이 제출하는 프로젝트 요청서
8) PMC; Project Management Consultant, 프로젝트를 실행하는 전문가 집단.

이런 팀에 속한 전문가들은 사업수행자 선정 절차를 위한 제안서 작성 시 기관 내 혹은 외부전문가를 초빙하여 하나의 팀을 만든다. 그래야 사업입찰을 위한 제안서도 작성할 수 있다.

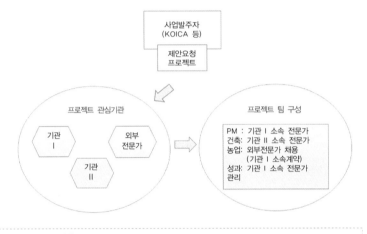

그림 3. 프로젝트 팀 구성 예

2. PMC 사무소 구축

프로젝트가 장기간 수행되는 만큼 원활한 업무를 위해서 현지에 사무소를 구축하게 된다. 여러 전문가 중에서 PM이 가장 먼저 현지에 정착하여 임시 숙소에 머물면서 사무소구축 작업을 담당한다. 장기간 현지에서 프로젝트를 실행하기 위해서 상근 전문가를 포함한 직원 규모, 공간 용도를 고려한 공간이 필요하다. 사무소는 보통 발주처와 협력 대상국 간 사업협약 체결 시에 협력국 정부가 제공하기로 협의한다. 농촌개발사업은 도Province 단위 등 지방정부의 사무공간 일부를 사용하는 경우가 많다.

아프리카 탄자니아 모로고로 농촌개발사업의 PM으로 현지에 도착하여 사무소구축 업무를 담당할 때였다. 모로고로 시City9)는 탄자니아 수도인 다르살렘에서 약 196km 서쪽 내륙에 위치해 차로 약 4시간이 걸리는 곳인데, 사업협약 시 관할 도청에서 공간을 제공하기로 약속이 되어있었다.

나는 임시로 도청에서 사업을 담당하는 국장 사무실 한쪽에 있는 책상을 배정받아 업무를 보기 시작했다. 하지만 추후 파견될 전문가들이 있고, 국장과 함께 업무를 계속할 수는 없기에 프로젝트 착수 준비를 위한 몇 가지 사항 중에 사무공간 확보를 일 순위로 요청한 터였다.

하지만 며칠을 기다려도 응답이 없어 주변 사무실을 둘러보며 도청 공무원들 분위기를 살피니 함께 일해야 할 농림과 소속 일부 공무원은 책상도 없고 전반적으로 사무 여건이 그리 좋지 못했다. 이러한 현실에서 아무리 양국 정부 간 협의가 되었더라도 PMC 팀을 위한 사무공간을 내어달라고 계속 요구하는 것은 무리라고 판단했다.

---

9) 모로고로(Morogoro) 시는 모로고로 지방Region의 31개 시중의 하나이면서 도청소재지이다. 모로고로지방 인구는 약 210여만 명이며, 모로고로 시의 인구는 약 31만여 명이다.

사무소 공간확보를 위한 대안을 고민해야 했다. 시내 상업건물의 사무실은 사업활동에 필요한 자재구입, 은행 업무, 시장 접근성 등을 고려할 때 여러모로 편리성을 확보할 수 있지만, 사업 기간인 3년을 임대하는 것은 다른 활동에 사용해야 할 사업비를 활용해야 하는 문제가 발생한다. 사업비를 고려하여 정부 건물과 꽤 떨어진 곳에 자리 잡으면 협력 파트너인 공무원들과 업무 소통이 원활하지 않을 수 있어 고민이 계속되었다.

그러던 중 모로고로 도청도 더는 미룰 수 없었던 건지 도지사가 나서서 두 개의 사무공간을 보여주며 선택하라고 했다. 첫 번째 공간은 내가 임시로 사용하던 사업 담당 국장 사무실이었고, 두 번째 공간은 지방정부 청사 관리구역 내 허름한 창고로 버려져 있던 곳이었다. 다른 선택지는 없는 눈치였다. 첫 번째 공간을 수용한다면 담당국장에게는 사업 자체가 원수처럼 느껴질 수도 있겠다는 생각이 들어 허름한 창고를 선택했다.

그나마 세 칸의 비교적 널찍한 공간이 있어 보수를 한다면 쓸만한 사무소를 구축할 수 있을 것 같았다. 하지만 사무실 보수를 위한 예산은 계획에 없는 것이었다. 예산 항목을 변경하기 위해서는 발주자의 승인이 필요하므로, 발주처 현지 사무소장과 사전협의 후에 '사무소구축을 위한 보수계획'에 관한 공문을 발송하여 승인을 얻어 예산을 확보할 수 있었다.

보수를 계획하고 나니, 사업이 끝난 후에 우리가 떠나게 되면 보수된 건물과 내부의 가구, 사무기기 등은 사무 여건이 열악한 공무원들이 계속 활용할 수 있어 의미가 있겠다는 생각이 들었다.

창고로 방치한 사무소 건물을 보수하는 모습

현지 소규모 건축업자와 계약을 하고 꼬박 2주일을 건물 보수에 전념했다. 공사가 마무리될 즈음에는 차의 전조등까지 켜 야간작업을 하면서 작업속도를 높였다. 보수공사를 마치니 의외로 널찍한 공간이 확보되어 처음에는 예상하지 못했던 회의실까지 꾸밀 수 있게 되었다.

과테말라에서는 사업 수혜 마을이 과테말라 국토의 동서남북으로 흩어져있어 사업지 접근성을 고려하여 사무소를 수도에 구축했다. 현지 파트너는 교육부 비정규 교육국이었는데, 현지에 도착하여 국장에게 사무공간을 요청하자 사업이 귀향 난민을 위한 이주민 정착지원 사업10)인 만큼 난민협회가 사용하는 건물 일부를 사무실로 사용하는 것이 어떻겠냐고 제안했다.

---

10) 과테말라 난민 정착지원 및 교육 강화사업(2007~2008, 2.5백만불, 사업수혜자; 약 470가구, 2,500명, 중앙 및 4개 주 교육국 공무원) 과테말라 내전시 이웃 국가인 멕시코 등지로 피신하였다가 귀환한 난민의 정착을 지원사업으로 직업훈련, 비정규교육, 마을 생활환경 개선, 소득증대 분야를 전국 4개주 4개 마을에 사업을 시행함

처음에는 현지 사정을 잘 몰라 수락했으나, 출근 첫날 렌트 차량 운전사 윌리엄 씨로부터 사무소가 구축될 난민협회 건물이 조나 우노(Zone One, 제1구역)가 대낮에도 총소리가 들릴 정도로 위험한 지역이라는 이야기를 들었다.

윌리엄씨는 차가 건물 앞에 도착하자 차에서 내리려는 나를 제지하고 거리 좌우를 살핀 후에야 내려도 괜찮다는 신호를 주었다. 그제야 가끔 언론에서 접했던 중남미의 불안한 치안이 현실로 다가오기 시작했다.

나를 포함한 파견 전문가의 안전에 관한 중요한 사안이라는 각이 들어 현지 발주처 사무소에 알리고 안전한 사무공간이 확보될 때까지 당분간 발주처 사무소에서 근무하게 되었다.

이후, 발주처와 대상국 정부 간 협약서에 명시한 파견 전문가 신변안전 의무조항을 근거로 비정규 교육국과 사무공간에 대해 재협의를 하였고, 교육부 건물 바로 뒤에 있어 비교적 안전한 부속 건물 내 사무공간을 사용하기로 했다.

현지에 구축한 사무소는 낯선 곳에서 장기 체류하며 근무하는 전문가들에게는 집보다 더 애착이 갈 정도로 소중한 공간이다. 그래서 긴 프로젝트를 착수하며 쾌적한 사무공간을 갖추는 것은 매우 중요한 일이다.

반면에 베트남 프로젝트 현장에서는 다른 프로젝트보다 조금 사치스러울 정도의 사무공간을 받았다. 협력 부처인 계획투자국(DPI)의 적극적인 협조 덕분에 청사 울타리 내 막 완공된 원룸형 관사 4개를 배정받아 사무소로 사용하게 되었다. 덕분에 활동 분야별로 팀원을 배치하고 회의실을 별도로 사용할 수 있을 정도로 넉넉한 사무실을 사용하는 행운을 얻었다.

회의실에서는 팀원들과 정기회의, 워크숍 준비, 업무 토론 등에도 활용했지만, 아무래도 사업수행 시에 많은 이해관계자가 참여하는 만큼 방문객도 많아 사업을 소개하고 추진 현황을 공유하는 용도로 유용하게 활용했다.

물론, 점심시간에는 직원들이 휴식 겸 낮잠 장소로, 주말에는 전문가들의 평일에 못다 한 업무를 마무리하는 공간으로 사용될 수 있었던 것이 더욱 좋았다는 것을 부인할 수는 없다.

사무소 오픈을 축하하는 직원들 - 탄자니아 사무소

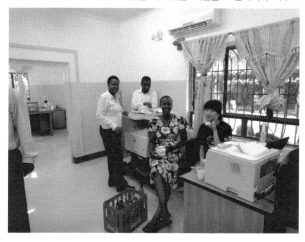

현지 전문가와의 아쉬운 작별 - 과테말라 공항

사업초기에 회의실에서의 회의 모습 - 베트남 사무소

3. 현지 전문가 채용

사무소구축이 완료되고 나면, 현지 사정을 잘 알고 현지어와 영어가 가능한 현지 전문가를 채용한다. 필요에 따라서 한 명이 될 수도 있고, 여러 명이 될 수 있지만, 기본적으로 운전사, 통역사 정도는 채용하게 된다.

사업실행에서 주도적인 역할은 당연히 한국인 전문가의 몫이지만, 현지 파트너들과 회의할 때 서로 영어 소통이 가능하더라도 서로의 의견이나 기술적인 내용이 완벽히 전달되기는 쉽지 않다.

따라서 현지 직원을 채용하여 사전에 사업에 관한 내용을 충분히 숙지시키고 추가적인 설명과 회의를 통해 사업전문가 수준으로 준비하도록 하여 업무 현장에 투입하면 소통적인 측면에서 현지 전문가의 역할은 매우 중요하다.

더군다나 농촌개발사업 현장은 대부분 외딴 시골 마을이므로 사업수혜자가 사용하는 언어가 그 나라 주류언어이면 그나마 다행이라고 할 정도이다. 이런 경우에는 세 개 이상의 언어를 사용하여 소통하게 된다.

따라서, 현지 직원을 채용할 때는 단순한 통역요원으로 생각하기보다는 직원의 전문분야와 관련된 업무를 부과하여 PMC 팀의 일원이 되도록 하는 것이 사업성과에 긍정적인 역할을 할 수 있다고 생각한다.

사업 기간 내내 함께하는 현지 직원들은 한국에서 단기로 파견되는 전문가들에게 더욱 큰 힘이 된다. 사업 추진 현황과 현지 사정을 잘 알고 있어 체류 기간에 도움이 되는 것은 물론이거니와, 짧은 파견을 끝내고 돌아가면서 사업을 계속 지켜볼 수 없는 전문가를 대신하여 현지에서 전문가가 요청한 사항들이 현장에서 지켜지는지 꾸준히 확인하고 전문가에게 보고할 수 있기 때문이다. 지속적인 현장관리는 계획한 사업 산출물을 도출하고 사업 이후에 사업효과를 상승시키는 가장 중요한 부분이다.

현지 전문가를 채용할 때 현지 세법과 노동법을 고려해야 한다. 노동법에 명시된 법정 휴가, 휴식 시간, 최저 임금 등을 보장해야 하고, 고용보험, 건강 보험 등 고용으로 인한 세금 또한 관할 부처에 내야 한다.

처음부터 이런 부분을 반영하면 좋겠지만, 사업수행자 선정단계에서 작성 제안서에는 이러한 세세한 예산까지 구분해 작성하긴 어렵다.

수행자로 선정되어 현장에 도착해서 현지 유사 기관의 사례와 사업발주자가 제공한 채용 규정 등을 꼼꼼히 들여다본 후에야 프로젝트에 맞는 현지 인력 운용계획을 세울 수 있다. 이 과정에서 예산에 변동이 생긴다면 사업발주자의 승인을 통해 조정해야 한다.

과테말라에서 PM으로 근무할 당시, 사업 부문Project Component11)이 다수였음에도 PM이 사업관리와 대부분의 과업을 수행하는 구조로 사업이 설계되어 있었다. 더군다나 현지 직원 관련 예산은 통역사와 운전사만 채용할 수 있을 정도로 최소한으로 책정되어있었다.

---

11) 사업부문: 프로젝트를 구성하는 여러 분야field 묶음(예 - 인프라, 역량강화, 소득증대 등)

현지에 도착하여 현장 여건과 주민 의사를 바탕으로 현지 공무원과 함께 액션플랜을 작성하는 단계에서 각 사업 부문별로 필요한 현지 전문가 예산을 반영하여 채용 계획을 세웠다. 사무소가 수도에 있어 유능한 현지 전문가 채용에 유리한 측면이 있었지만, 중견 전문가 급여 수준이 매우 높았다. 그래서 예산 실정을 고려하여 최소한의 경력이 있는 청년 전문가를 채용하기로 타협했다.

과테말라는 스페인어를 공용어로 사용하고 있는데, 스페인어가 중국 다음으로 사용 인구가 많아 굳이 영어를 잘하지 않아도 세계 곳곳에서 의사소통이 되기 때문인지 영어로 보고서 작성과 회의 통역이 가능한 청년 전문가를 찾는 데 상당한 어려움이 있었다.

원래 사업보고서는 국영문으로 작성해야 하지만, 현지 사업담당자 중에 영어를 이해하는 사람은 전혀 없었다. 그래서 보고서를 국어, 영어, 스페인어 3개 언어로 작성해야 했는데, 분기마다 돌아오는 사업보고서 제출 기한에는 PMC 팀 모두가 바빴다. 이러한 상황에서 영어와 스페인어가 가능한 현지 전문가의 역할과 업무 참여도는 다른 사업보다 훨씬 중요했다.

탄자니아에서 역시 현지 전문가 채용은 쉽지 않았다. 괜찮은 직원을 채용하기 위해 인터넷 속도가 매우 느린 상황에서도 SNS를 활용하여 채용공고를 내어 국립대학교 졸업자들이 다수 응모했지만, 눈에 띄는 직원을 찾지 못해 여러 번에 걸쳐서야 겨우 채용할수 있었다.

이렇게 힘들게 현지 전문가들을 채용했지만 집중해서 일하기는 쉽지 않았다. 국가별로 다르겠지만 탄자니아는 이슬람, 기독교 두 개 종교 관련 휴일을 모두 법정 휴일로 지정하고 있어 휴일이 많고, 문화적으로 부모님들의 재혼, 중혼이 많아 친인척과 자녀들이 많아 가족들의 경조사에 참여할 일이 많아서 이유 있는 결근이 꽤 잦았기 때문이다. 이 부분은 현지 공무원들도 마찬가지였다.

더군다나 창고를 보수한 사무실이 일주일에 2~3번 정도는 한나절씩 전기가 들어오지 않을 정도로 열악하여 제법 큰 규모의 발전설비를 수도인 다르살렘 발전기 전문업체가 설치토록 했다. 현지 직원들은 발전기 가동에 필요한 연료 공급을 수시로 해야 했다. 또한, 근처에서 산 사무기기도 먼지 때문에 고장이 잦고 수리가 어려워서 현지 직원들이 본업 대신 처리해야 할 일이 많았다. 이처럼 현지 직원들에게 의지해야 하는 일은 많지만 자리를 비우는 날도 많다. 하지만 로마에 가면 로마의 법을 따라야 하는 법이다.

베트남에서는 사업이 수행되는 3년 동안 현지 전문가들이 매년 임금인상을 요구하는 통에 어려움을 겪었다. 처음 직원을 채용할 때 급여가 명시된 장기 계약을 체결하지만 타 유사기관 사례를 들어 임금인상을 요구하면 마냥 무시할 수는 없는 상황이 된다. 따라서 평소에 현지 사정을 잘 파악해 두었다가 프로젝트의 주요 예산이 변경되는 시점에 반영하는 것이 좋다.

사업 초기의 현지 전문가와의 한식 점심 – 과테말라

자체 워크숍을 마치고 현지 전문가들과 함께 – 베트남

워크숍에서 발표하는 현지 전문가 - 탄자니아

4. 사업비 관리

보통 하나의 프로젝트가 2~3년에 걸쳐 실행되므로 원활한 예산집행을 위한 현지 은행 계좌개설이 필요하다.

예금계좌 개설에는 기본적으로 장기 체류 허가증 등의 근거 서류를 요구하는 경우가 많다. 더불어, 확실한 신분과 체류 목적이 기재된 현지 정부로부터 발급받은 문서를 요청하는 경우도 있다.

앞서 설명한 것처럼 은행 계좌개설이 복잡하고, 파견 전문가별로 체류 기간이 상이하므로, 예산집행을 위한 계좌개설은 현지에서 가장 오래 체류하는 전문가 혹은 사업을 총괄하는 PM의 몫이 된다. 계좌개설자가 결정되면 은행 업무에 관한 내용은 항상 공문과 근거 서류로 증거를 남겨야 한다. 한국에서의 송금 명세, 예산집행 명세 등 모든 예산 흐름을 기록으로 남기고 회계장부 내용과 영수증을 모아 분기별로 정리해서 원본 일체를 한국으로 보내야 한다.

사업비는 현금지불, 송금, 카드지출 등 다양한 방법으로 집행되지만, 은행을 통한 송금이 가장 안전하다. 현금지불 시 대규모 비용 인출에는 주의가 필요하다. 대상국별로 다르겠지만 치안이 좋지 않은 경우가 많고 도난의 위험이 항상 도사리고 있기 때문이다. 은행에서 경비를 인출할 때는 2인 이상 동행하는 것이 좋다. 사무실에 현금 보관을 위한 금고를 두지만, 앞서 말한 도난의 위험 때문에 일정 금액 이상의 현금을 보관하는 것을 지양해야 한다.

한국의 회계 원칙은 보통 개발협력사업 대상국보다 엄밀하다. 따라서, 사업비를 집행할 때는 규정에 맞는 회계증빙을 꼼꼼히 챙겨야 한다.

회계증빙에 있어 영수증은 매우 중요하다. 하지만, 개발도상국의 경우 우리나라처럼 시스템이 잘 구축되어 있지 않기 때문에 영수증 받는 것이 어려운 경우가 종종 발생한다.

대형 상점이나 기업처럼 영수증 발급 시스템이 잘 갖춰진 곳을 골라 일을 하면 좋겠지만, 때에 따라서는 동네 철물점에서 물건을 사야 한다. 이런 경우, 주인에게 요청하여 수기로 작성한 영수증을 발급받기도 한다.

탄자니아에서는 사업활동을 위해 마사이족에게 비교적 싼 소를 대량으로 구매한 적도 있다. 마사이족은 이런 거액을 은행이 아닌 현금으로 받기를 원해 난감한 상황이 된 적이 있다. 그래서 영수증은 기본이고 양측의 계약서까지 추가로 작성하여, 만일에 사태에 대비했다. 공식적인 거래였음을 서류로 남기기 위한 최대한의 시도였다.

이렇게 작성된 영수 증빙은 한국으로 보내져 회계법인을 통해 최종 정산 처리를 하게 된다. 하지만 때에 따라서는 영수증이 규정에 맞지 않아 인정되지 못하기도 한다. 그러면 어쩔 수 없이 그 금액은 영수 증빙을 담당한 참여 PMC 기관의 손실로 처리하게 된다. 사업 종료 후 모든 증빙을 가지고 현지에서 철수했는데 이런 문제가 발생하면 되돌아가서 복구하기란 불가능한 일이다.

5. 공문서와 보고서 관리

우선, 사업이 형성되고 선정되는 단계에서 예비조사,[12] 심층조사[13] 결과보고서 등 많은 전문가가 사업의 타당성과 방향을 설정한 문서가 있다. 이후 협력대상국과 사업을 실행하기로 협의한 상호 간의 의무사항을 기술한 협약서가 있고, 이를 바탕으로 사업을 착수하게 된다. 이 문서들은 사업의 근간이 되므로 주의 깊게 살펴보아야 하며, 사업 수행 단계에서도 가끔 참고하게 된다.

---

12) 예비조사보고서; 수원국의 수요요청서(PCP)를 근거로 후보사업지구 예비적 현장
    조사결과 보고서.
13) 심층조사보고서; 예비조사보고서 작성이후 2차적으로 실행하는 후보사업지구의
    심층적 현장조사 결과보고서.

본격적으로 사업이 시행되는 단계로 넘어가면서 입찰에 선정된 PMC 기관과 사업발주자 사이의 법적인 책임 사항이 포함된 용역계약서가 작성된다. 계약이 체결되면 PMC는 사업활동 전반적인 내용과 추진계획이 상세하게 기술된 업무수행계획서를 작성한다. 이 계획서는 공개입찰 당시 제출한 제안서를 바탕으로 선정 이후 현장 조사 등을 거쳐 수정된 내용을 담아 완성한다.

이외에 발주하는 기관의 가이드라인에 맞는 예산집행 기준, 전문가 파견 규정 또한 시행자로서 챙겨야 하는 중요한 문서이다. 이러한 문서는 발주처 사업담당자를 통해 최신본을 전자파일로 받는 것이 좋다.

아래 그림 4는 PMC의 입장에서 사업참여자 간 공문서 및 업무 흐름을 설명하고 있다. PMC는 사업발주자와는 계약관계이고, 협력 대상국 정부와 사업수혜자는 협력관계가 되어 업무를 수행한다.

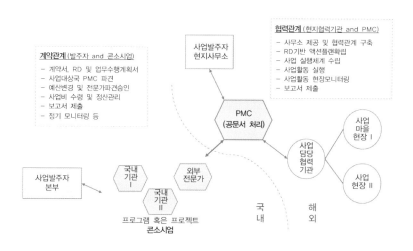

저자작성 2021

그림 4. 사업참여자 사이의 업무처리 관계도

발주처가 있는 곳과 실제 사업이 수행되는 곳은 물리적인 거리가 있고 시차가 있어 업무 소통과 보고가 원활하지 않을 때가 많다. 이러한 어려움을 최소화하고 보다 효과적인 사업활동을 위해 각자의 역할과 책임, 업무 소통방식을 담아 별도 문서로 작성하는 경우도 있다.

통상 모든 문서는 사업 공식 언어인 국문과 영문으로 작성된다. 하지만, 대상국에 따라서 프랑스어, 스페인어, 아랍어 등 다양한 언어를 공용어로 사용하고 있어 정부 관계자마저 영어로 작성된 문서에 난색을 보이는 경우가 있다. 이런 경우에는 국어, 영어 외에 추가로 해당국 언어로 작성해야 한다. 의무사항은 아니지만, 원활한 업무를 위해서는 필수적이라고 할 수 있다.

베트남에서도 중앙정부 관계자는 영어 소통이 원활하게 이루어졌으나, 라오까이성 지역 정부 관계자와는 언어제약이 발생했다. 따라서, 공문 발송 시에 다음 그림 5와 같이 영어로 원본을 작성하여 PM이 서명하고, 현지 전문가가 베트남어로 번역하여 사본을 만들어 항상 2개 버전으로 소통했다.

KOICA 한국국제협력단
KOREA INTERNATIONAL COOPERATION AGENCY

LAO CAI HAPPINESS PROGRAM
KRC/YeungNam University/Daejeon Health college

Lao Cai PPC

From	:	**Mr. Kim Sun Ho**	Tel: 0214 3853118
		Program Director- PMC Office	Email: laocaihaengbok@gmail.com
		Lao Cai Happiness Program	
To	:	Nam Mon CPC	
		Nam Mon VDC (for next step)	
Copy to	:	ODA PMU (for information)	
Our ref	:	**KOICA-HP-L-0357**	**Lao Cai, 29ᵗʰ November 2017**
Subject	:	**Approval of design, cost estimation for Infrastructure subprojects of Spillway in Nam Mon Village, Nam Mon Commune, Bac Ha District under 8 Pilot Saemaul Undong Subcomponent;**	

Dear Sirs,

- *Pursuant to Record of Discussion dated January 17ᵗʰ 2014 between Korean International Cooperation Agency and Lao Cai Provincial People's Committee about Lao Cai Happiness Program;*

- *Pursuant to Decision No. 398/QĐ-UBND dated February 19ᵗʰ 2016 by Lao Cai Provincial People's Committee approving the action plan of 8 pilot Saemaul Undong villages - Lao Cai Happiness Program;*

- *Pursuant to KOICA-VO-15-147 by Chief Resident Representative of KOICA in Vietnam about Authorization from KOICA for Korea Rural Community Corporation (KRC), Republic of Korea to execute Lao Cai Happiness Program and establishment of Project Management Consultant (PMC) Office in Lao Cai Province;*

- *Pursuant to Official Document No.567/BQL-KHTH dated October 30ᵗʰ 2017 by ODA PMU under Lao Cai DPI to request for approval of cost estimation –design of Infrastructure subproject in Nam Mon Village, Nam Mon Commune, Bac Ha District - 8 Pilot Saemaul Undong Subcomponent*

Upon review, PMC would like to approve the design, cost estimation of infrastructure subprojects in Nam Mon Village, Nam Mon Commune, Bac Ha District - 8 Pilot Saemaul Undong Subcomponent as stated in Official letter No.567/BQL-KHTH dated October 30ᵗʰ 2017. Details are as below:

I. Subproject of Bathroom

1. Scale of the subproject

- Subproject title: Spillway in Nam Mon Village

- Code: NM-CSHT-A17-2.

Page 1 of 3

그림 5. 공식 문서 예시(PMC → 지역 정부)

제3장

프로젝트 실행체계 최적화

사업 파트너, 계획투자국(DPI) 주관 회의 - 베트남 ODA 사업

군청, 꼬뮨, 8개 마을 리더들과
사업활동 현안에 대하여 논의하고 있다.

1. 프로젝트 체계 최적화 개념

　현지에 적합한 사업실행 체계Implementation Framework를 만들기 위해서 PMC는 사업 초기에 현지 사업 참여자Project Stakeholder14)들과 함께 최적의 사업실행 접근 방법Implementation Approach Methodology을 완성해야 한다.

　이 과정에서 사업참여자 중 하나인 수혜자들과의 협의가 중요하다. 현지에서 활용할 수 있는 자원을 고려한 사업활동을 확정해야 하기 때문이다. 이렇게 상호 합의한 사업활동은 수혜자들의 생계 능력을 향상하는 역할을 하고, 역량을 향상한 수혜자는 사업종료 후에도 지속가능한 생계 활동을 이어갈 수 있다.

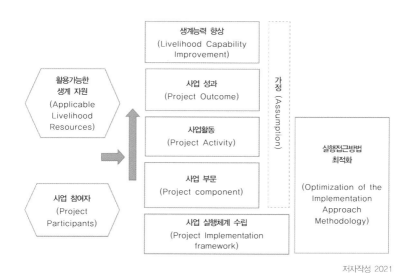

저자작성 2021

그림 6. 개념적 프로젝트 실행체계와 접근 전략 - 농촌개발 분야

---

14) 사업참여자: 사업실행에 직간접적으로 관련 있는 전문가, 사업수혜자, 공무원, NGO 등 프로젝트실행 울타리Project Boundary에 속한 개인 혹은 단체

PM은 주도적으로 사업실행을 위한 체계를 구축해야 한다. 적절하게 구축된 사업실행 체계는 각 사업 분야의 효과 증대에 긍정적인 역할을 하기 때문이다. 또한, 사업 목표 달성을 위해 각각 분야들을 통합적으로 계획하고 실행해야 한다.

결과적으로, 프로젝트는 사업활동의 결과로 사업성과를 끌어낼 수 있는 능력 있는 수혜자를 육성해낼 수 있다는 가정을 하는 것이다. 농촌개발 분야에서는 역량이 있는 농민만이 생계 지속성을 확보할 수 있다고 가정하는 것과 같다고 할 수 있다.

2. 액션플랜 작성의 필요성

앞 장에서 언급한 업무수행계획서와 액션플랜의 차이를 살펴보자. '업무수행계획서'는 전반적인 사업실행 방안과 사업내용을 상세히 기술한 일종의 종합사업계획서이다. 이 수행계획서는 PMC가 작성한 제안요청서가 근본을 이루고 있다. '액션플랜'은 PMC가 사업실행에 앞서 접근방법, 사업활동 등 사업 전반의 콘텐츠를 현장에 맞게 최적화한 결과물을 의미한다.

액션플랜 작성 단계에는 협력 대상국의 다양한 이해관계자가 참여한다. 사업을 담당하는 현지 공무원들이 작성에 참여하고, 현지 전문가들과 수혜인 지역주민들의 의견을 청취하여 반영한다. 액션플랜은 기본적으로 국영문으로 작성하되 해당 국가 언어로도 작성해야 한다. 현지 공무원들을 주축으로 한 이해관계자들을 사업실행 전면에 나서도록 유도할 수 있기 때문이다.

사업 현장에서 현지 사정에 최적화한 액션플랜을 작성하는 것은 향후 사업의 추진 방향을 설정하는 매우 중요한 작업이다. 사업을 실제 실행하게 될 PMC의 시각이 사업 형성과정에서 작성된 예비조사 결과 내용과는 다를 수 있다. 따라서 이 과정에서 프로젝트의 중요 사업 부문Project component의 사업활동 혹은 예산에 큰 변경이 발생할 수도 있다.

이와 같은 과정을 통해 업무수행 계획서를 변경하는 것은 사업참여자의 이해와 승인이 필요하다. 수 차례의 현장 조사, 워크숍, 자체 회의 등 사안에 따라 많은 이해와 공론의 과정을 거치게 된다. 중규모 이상의 농촌개발사업에서는 이 과정에만 6개월 정도의 기간이 소요되었다.

이렇게 완성된 액션플랜은 현지 사업담당자를 대상으로 한 워크숍과 사업 대상지역의 직접 수혜자 의견 청취를 위한 현장 방문을 통한 참여자 간 상호 공감 및 의견 반영 절차를 거쳐 수정된 후에 사업발주자와 협력 대상국 정부의 승인을 받는다.

액션플랜 작성이 필수적인 단계는 아니지만, 프로젝트의 규모가 크고 복잡할수록 필요성이 높다. 왜냐하면, 작성과정에 참여하는 사업이해관계자들의 사업 이해도 제고에 도움이 되고, 사업활동이 현지 사정에 맞게 최적화되어 사업 진행 속도 역시 기존 일정 대비 빠르게 추진할 수 있기 때문이다. 실제로 비슷한 시기에 유사 사업보다 사업 실행이 반년이나 늦게 시작되었으나, 액션플랜 덕분에 계획된 기간 내 사업을 무사히 종료할 수 있었다.

첫째: 〈장기간의 사업형성〉
사업형성부터 사업실행까지의 기간격차가 약 1년 이상으로 다소 길다. 따라서, 사업현장여건, 사업요청서 환경, 수요자 등의 변화한 사항에 대한 조사가 필요하다.

둘째: 〈사업활동의 적절성〉
수행계획서상의 사업활동이 달성될 수 있는지 사업실행자(PMC)로서의 근본적인 점검도 필요하다.

셋째, 〈사업활동의 이해〉
액션플랜 작성과정은 사업협력자와 직접수혜자에게 사업활동을 합의하고 이해하고 기회를 준다. 사업활동 내용을 제대로 이해하고 받아들여야 적극적인 사업참여도 가능하다.

3. 사례분석으로 본 프로젝트 최적화

프로젝트 최적화란 사업목표를 달성하기 위한 사업활동에 앞서 참여자들 간에 현장에 맞는 사업실행접근 방법으로 사업실행체계를 만들어내는 사전작업이라고 할 수 있다. 효율적인 사업활동을 통한 최대한의 사업효과를 내기 위해 사업참여자들이 가용자원과 투입 가능한 예산과 기간을 고려하여 작성하는 실행 약속이기도 하다.

중규모 이상의 농촌개발 프로젝트의 경우 예산 규모가 대부분 수십억 원 이상이며 사업수혜자가 적게는 수백 명에서 수천 명 이상에 이른다. 이렇게 규모가 큰 만큼 파트너 정부(수자원, 농업, 건축 등)에서 관여하는 공무원도 많다.

하지만, 한국에서 파견되는 전문가는 사업 부문(농업, 보건, 건축 등) 별로 1인의 전문가가 모든 직접 수혜자를 파악하여 관여할 수 없는 경우가 대부분이다. 따라서 현지 사정을 잘 알고 있는 지역 행정조직과 담당 공무원의 사업참여가 거의 필수적이다. 이러한 측면에서 사업참여자 간의 협력체계, 사업예산의 구체적인 흐름, 상세 사업활동 등을 계획하고 공유하는 사전작업이 필요하게 된다.

이러한 과정을 놓치게 되면, 많은 수혜자가 참여하는 사업활동에 대한 모니터링 및 기술지원 역할을 해야 하는 현지 행정기관 측의 협조가 미흡하게 되므로 사업활동 진도나 결과를 파악하는 데도 훨씬 많은 시간이 걸린다. 실제로 모 사업을 수행하면서 특정 활동이 당초 예상한 기간의 두 배 이상 소요되어 협력 대상국 정부에서도 매 정기 회의에서 지적했으나, 담당 전문가 본인은 잠자는 시간을 제외하고 열심히 일하고 있다고 항변해야 하는 상황이 발생하기도 했다.

1) 베트남 ODA 사업개요

필자가 가장 최근에 참여했던 베트남 라오까이성 행복 프로그램(27.5백만불/2015~2018)을 사례로 프로젝트 최적화방법을 설명하고자 한다.

베트남 라오까이성 행복 프로그램은 전형적인 농촌종합개발사업으로서 KOICA의 14백만불과 라오까이 정부재원이 13.5백만불이 투입되어 총 27.5백만 불 규모로 3년간 수행되었다. 라오까이성은 베트남 63개 성 중의 하나로, 수도 하노이에서 약 300km 떨어진 북서부지역에 있다. 행정구역은 1개의 시와 8개의 군으로 구성되어있고,

성 Province의 면적은 6,383㎢로 우리나라 충청북도보다 조금 작다. 인구는 약 70만 명(2018년도 기준)이며, 도청소재지인 라오까이시 거주자 약 9만 명을 제외하고 주민 대부분이 농촌지역에 살고 있다.

라오까이성 사업지역으로 선정된 4개 군[15]

1. SI MA CAI(시마까이) 군
2. BAC HA(박하) 군
3. MUONG KHUONG(무엉꾸엉) 군
4. SAPA(사파) 군

그림 7. 베트남 라오까이지방 ODA 사업지구

---

15) 선정된 4개 군은 사업수행 초기 빈곤율(28~38%, 국가조사)이 가장 높았던 군 중에서, 베트남 신농촌 개발(NRD)정책 사업에 속하여 자체 지방정부 예산동원이 용이한 꼬뮨(면에 해당) 위주로 선정하였다.

베트남 ODA사업지구 - 시마까이군

구름 시작하는 곳부터는 중국 영역이다.

총 6개의 사업 부문Program Component ① 도로건설(366km) ② 8개
시범 마을개발, ③ 베트남 NRD정책(새마을 등), ④ 보건/여성 ⑤ 지
방행정 ⑥ 교육으로 구성된 프로그램형16) 사업이다. 한국의 농촌개
발 경험을 활용한 하드웨어(인프라 구축)와 소프트웨어(역량 강화)적
인 요소가 포함되어 설계되었다.

2) 사업참여자 관점

국제개발협력사업은 협력 대상국의 정부와 함께 사업을 실행하므
로, 우리측 사업시행자인 PMC 팀이 사업 대상지역의 정부관여 없이
사업을 실행하기는 어렵다. 베트남ODA사업도 직접수혜자는 마을단
위 주민이었지만, 지방정부-군정부-꼬문정부가 사업협력 혹은 직간접
참여자로서 역할과 책임을 협의를 통하여 정했다.

---

16) 프로그램은 프로젝트의 상위개념으로 사용한다. 여러 프로젝트가 통합된 경우 프
　　로그램으로 부른다.

사업수혜자를 대상으로 사업을 직접 수행하는 것과 비교하여, 파트너 국가의 행정 정부와 함께 사업을 수행하는 것이 다소 번거롭다고 생각할 수도 있다. 하지만 사업이 진행될수록 파트너 기관의 주인의식Ownership과 사업참여에 긍정적인 역할을 하게 된다. 또한, 사업 종료 이후에도 지역 정부가 지속적으로 사업 결과물을 관리하고, 주민들을 대상으로 기술지원을 할 수 있다는 장점이 있다.

베트남 ODA사업은 직접사업활동참여자Direct project beneficary인 지방단위 6개국Department, 4개 군District, 28개 꼬뮨Commune 그리고 8개 마을의 개발위원회가 참석하는 사업참여자로 최적화된 사업실행체계가 완성되었다. 이렇게 완성한 사업참여자 네트워크는 사업발주자Client와 사업협력국의 승인함으로써 공식적으로 사업활동이 가능하게 되었다.

한편, 사업실행체계의 정점에는 사업조정위원회Program Steering Committes가 있었다. 사업 조정위원회는 한국 측 PMC 사업단의 요청으로 라오까이성 정부 인민위원회 위원장 아래 설치되었는데, 분기별로 6개의 사업 담당국Department 부국장들과 PMC 간 분기별로 개최되었다. 안건이 있으면 지방정부 산하 외교국, 재정국도 참석하였다. 주로 사업 경과를 공유하고, 문제점과 해결책을 협의하여 사업목표를 함께 달성하는 데 목표가 있었다.

한편, 도로 건설 사업 부문의 경우, 사업량이 워낙 방대하여(366km, 산악지형의 128개 구간) 라오까이 지방정부의 국Department들은 사업 예산과 기술적인 측면에서, 많은 사업활동에 직접 관여했고, PMC는 주로 기술지도와 사업모니터링 등에 주력하였다. 다음 그림 8은 베트남 ODA사업의 최적화된 사업실행체계를 보여주고 있다.

사업통합관리 목적	⇨	• 각 사업부문 연계를 사업실행을 통한 통합적 시너지 효과 추구"

사업실행 방향	⇨	• 공동의 목표달성을 위한 6개 부문사업의 사업실행의 유기적 협업체계 구축

사업실행 전략	⇨	• 사업조정위원회[1](PSC) 설립운영(총 8회 회의 실시) • 라오까이성 정부 참여 Department 들과의 통합 실행체계 확립

구분		사업구분 도로건설	8개시범마을	NRD/새마을	보건·여성	지방행정	교육
사업내용		366km (4개군28꼬뮨) 158개노선	소득증대 생활환경개선	주민, 공무원 지방정부리더 역량강화	의료인교육 건강새마을, 여성자조교육	거버넌스 공무원 역량강화	방과후교육 교사역량강화 기숙사건축
수혜자		약 4만9천명	약 2천3백명	공무원 600명 주민 490명	의료인 550명 공무원 240명 여성 2천명	공무원 400명	학생 13백명 교사 90명
참여자	베트남	DOT국 4개군28꼬뮨	DARD국 WU국	NRD청	DOH/WU국	DOHA국	DOET국
	한국	사업수행: 농어촌공사, 영남대학교(보건·여성, 지방행정), 대전보건대학교(보건); 사업관리; 충북대학교					

> 베트남 라오까이성 정부 참여 기관
> DOT국(교통국), DARD(농촌개발국), WU국(여성연맹), NRD청(신농촌개발청), DOH국(보건국), DOHA국(내무국),
> DOET국(교육훈련국)

그림 8. 사업참여자 관점 최적화

타 국제 ODA 사업(아일랜드원조) 사무소 방문 협의

유사 사업목표를 소수 부족민 빈곤 경감 프로젝트 전문가들로부터
경험을 청취하고 있다.

3) 예산흐름 관점

프로젝트를 통해 집행되는 예산을 베트남 사업에서 적용한 세 개 예산바구니 형태로 나누어 설명하고자 한다. 이 내용을 통해 사업비의 예산의 큰 흐름Project budget flow을 이해할 수 있다.

첫 번째 바구니에는 PMC 사업단이 발주자에게 받은 사업비를 현장에서 직접 집행하는 예산이 담겨있다. 이 바구니에 담긴 예산은 일반적으로 전문가 파견에 관한 제반 경비(항공료, 체재비, 숙박비, 보험료 등), 사업활동에 소요되는 직접비, 사업 현장 사무행정비, PMC를 맡은 국내기관의 사업관리비용 등에 사용되며 PMC 기관이 주도하여 집행과 정산을 직접처리 한다.

두 번째 바구니에는 PMC 사업단이 발주자에게 받은 예산 중에서, 협력 대상국 정부가 사용할 예산이 담겨있다.

이 바구니는 발주자와 파트너 국가 정부가 현지의 기술적 역량이 뒷받침되는 부분에 대해 특정사업활동을 위임하기로 사전협의가 이루어진 경우이다. 이때 PMC는 파트너와 별도의 MOU를 체결하고 예산을 송금하며, 사업비는 파트너가 직접 집행한 후 활동 결과와 정산 내역을 보고해야 한다. 이 과정에서 PMC는 약속한 활동이 잘 수행될 수 있도록 모니터링 및 기술지원 역할을 한다.

세 번째 바구니는 주로 인프라 구축 활동에서 건축물 시공 혹은 대규모 자재 납품 시에 발주자가 별도 절차를 통해 선정된 용역 업체로 직접 송금하는 예산이다.

이 과정에서 PMC는 건축 시공 혹은 자재 납품이 계약에 맞게 이행되었는지 검토하여 발주자에게 보고하는 역할을 한다. 규모가 큰 활동의 경우 부실 공사, 시공업체의 부도, 계약의 불완전 이행 등 문제가 발생할 수 있으므로 이를 방지하기 위한 엄밀한 예산관리를 위해 이 방법을 사용하기도 한다. 이처럼 사업 부문별 활동 유형에 따른 예산집행 흐름을 세세하게 구분하여 예산흐름 메커니즘을 짜야 사업비를 효율적으로 관리할 수 있다.

세 개의 유형별 예산 바구니를 집행할 때도 보다 세부적인 예산 흐름 설계가 필요하다. 사업참여자가 현금을 접하는 기회를 최소화하는 방향으로 예산 흐름을 짜는 게 서로를 위해서도 좋다. 조그만 방심과 실수가 사업 참여자Project Stakeholder의 유혹과 어려움을 불러오고 그 결과는 사업활동의 부실로 이어질 수도 있기 때문이다. 특히 상대 협력국 사업담당자에게 예산집행을 위임하는 경우는 더욱 주의가 필요하다.

사업 예산의 집행은 대상국 정부 참여자들도 상당한 관심을 두고 있으므로, 가능한 수행기관(PMC)의 예산집행 가이드라인을 공유하여 예산에 관한 오해를 방지하는 것이 좋다.

이제 체계가 복잡했던 베트남 사업의 예산 흐름을 그림으로 보자. 베트남사업의 예산 흐름이 비슷한 5개 사업 부문과 별도의 흐름을 가진 1개 사업 부문(도로 건설) 별도 다음 그림으로 정리하였다.

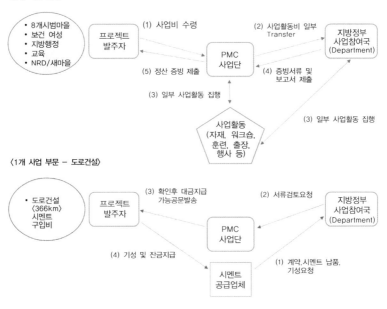

〈5개 사업 부문〉

〈1개 사업 부문 - 도로건설〉

그림 9. 예산 흐름 관점 최적화

4) 사업활동 관점

앞에서 최적화한 사업참여자 및 예산집행에 대한 실행체계를 바탕으로 사업활동 내용을 구체적으로 확정해야 한다. 이러한 사업활동의 최적화는 담당 공무원협의와 현장조사를 통한 사업실행 여건 등 확인해야 한다.

사업활동결정 시 고려해야 할 요소는 수혜자 규모, 동원 가능한 자원Applicable resource, 예산규모 등이 있다. 이러한 기본적인 요소를 고려해서 확정한 사업활동을 실행하는 과정에서도 갖가지 어려움을 만나게 된다. 따라서 예상하지 못한 어려움을 최소화하고 극복하기 위해서는 사업활동의 최적화가 더욱더 필수적이다.

베트남 ODA 사업의 업무량 조정 사례를 보자. 앞서 설명한 것과 같이 베트남 라오까이 행복 프로그램은 도로 건설, 8개 시범 마을 개발, 베트남 NRD 정책(새마을 등), 보건/여성, 지방행정, 교육, 총 6개의 사업 부문으로 구성되어있다. 아래 그림으로 사업 부문별 사업활동들을 살펴볼 수 있다.

사업목표 (Program Objective)	"행복한 라오까이성 지방, 살기 좋은 베트남"	
사업성과 (Program Outcome)	• 라오까이성 지방 소수부족민의 빈곤감소, 생활환경개선 • 라오까이성 정부의 행정효율성 및 소수부족민 역량강화	
사업범위 (Program Sector)	**인프라 개선**	**역량 강화**
사업부문 (Program Component) 및 사업활동 (Program Activity)	**사업부문 ① : 도로 건설** 주민참여형 마을간도로 366km(158개 노선)건설, 4개군 28개 꼬뮨/면 참여 **사업부문 ② : 8개 시범마을개발** 주민참여형 소득증대, 생활환경, 인프라개선 마을개발사업 3개 군(District)에 8개 마을에 시행 **사업부문 ③ : 신농촌개발/새마을** 베트남 농촌개발정책과 한국의 농촌개발 강점을 혼용한 교육과 사업참여유도	**사업부문 ④ : 보건/여성** 의료인보수교육(3개 과정, 장기과정31지원, 전문의 20개월 등), 건강마을(8개마을 연계), 여성자조교육 및 활동(월1회) **사업부문 ⑤ : 지방 행정** 지방정부 공무원역량강화, 한국형 지방거버넌스 및 행정체제 학습, 행정지식 공유, 자매결연 추진(경산시) **사업부문 ⑥ : 교육** 3개학교 교사 30명, 소수부족민언어교육, 방과후프로그램 운영(음악, 체육, 영어, 돌봄교실 등), 기숙사 건축(3개학교)
성과관리 (M&E)	• 성과관리 및 분석(M&E) 현장시스템 구축 • 총52개 성과지표 시기별 측정 및 분석 • 설문조사(기초선, 종료선, PIA), 자체 정보자료 수집(MIS)	
한국연수	• 새마을운동 한국 초청연수(2주간, 2회) • 보건 한국 초청연수(2주간, 2회) • 지방행정 한국 초청연수(2주간, 2회)	

그림 10. 사업활동 관점 최적화

사업 초기 소수부족민 여성의 소득 및 생계 현황 조사 출장

5) 사업활동량 조정사례

베트남 사업 현장에 도착해 사업 환경을 파악하면서 여러 수행 여건 등을 고려하여 도로 건설과 농촌개발 사업 부문의 활동에 대한 아래 두 가지 의문이 들었다.

첫 번째 의문은 도로 건설 활동과 관련하여, 주민참여 방식의 500km 도로 건설 활동을 3년이라는 사업 기간 내 완공 할 수 있는가에 대한 것과 베트남 정부가 부담하기로 한 건설비용 일부가 제때 동원 가능한가에 대한 것이다.

두 번째 의문은 8개 군District 마을개발과 관련하여, 협약서상 사업의 혜택을 받는 특정 군을 명시하지 않았음에도 라오까이성 지방Province에 속한 8개 군 전체를 대상으로 수혜자로 설정해야 하는가에 대한 것이다.

당초 발주자가 요구한 제안요청서에 명시한 활동을 기준으로 사업을 수행할 계획이었지만, 현지 여건을 고려할 때 현실적으로 실행할 수 있을지 의문이 들었다. 사업 착수 준비를 하면서 의문 해소를 위한 현지 조사에 주력했다. PMC가 계획 중인 실행접근전략을 바탕으로 기간 내 사업활동을 모두 완수할 수 있을지 판단하는 것도 나의 몫이었기 때문이다.

의문에 대한 적절한 해결법을 찾기 위해 베트남 라오까이성이 포함된 NMPRP[17] 사업(WB)의 사업평가를 진행한 경험이 있는 현지 평가 전문가 형 박사를 만나 업무 경험 공유 및 협의를 요청했다. 먼저, 라오까이 성에서 선행된 NMPRP 사업과 라오까이 행복 프로그램을 비교하여 살펴보니 아래와 같은 차이가 있었다. 이러한 비교 분석결과, 현실적으로 사업대상지역과 업무량을 축소해야 한다는 데에는 이견이 없었다.

- 라오까이사업과 NMPRP사업 비교-

- NMPRP2 사업은 2개 부문(소규모 농업 인프라Small scale infrastructure and production support 및 농업 생산)으로 구성되어있으나, 행복 프로그램은 6개 사업 부문이 복합적으로 수행되는 복잡한 구조임.
- NMPRP2 사업은 당초 사업 기간 5년에서 추가 5년을 연장하여 사업 기간이 여유있지만, 라오까이 행복 프로그램은 전체 8개 군이라는 대규모 지역을 대상으로 광범위한 사업 부문에 걸쳐 진행되는 것에 비해 사업 기간이 3년으로 다소 짧음.
- 행복 프로그램 한국 측 예산 14백만 불이 라오까이 8개 군 전체에 투입될 경우, 사업효과가 분산될 것으로 예상함.

---

17) Second Northern Mountains Poverty Project(2010~2015, WB, 1400만불,차관사업); 베트남 북부 6개 성지방의 230여 개의 꼬뮨대상 소득증대형 농촌개발사업

한편, 수차례 합동회의를 거치면서 베트남ODA사업은 한시적인 프로젝트로서 선택과 집중이 필요하다는 공감대가 형성되었다. 또한 대부분의 의문사항에 대한 답은 주로 현장의 군District 이하 단위 공무원으로부터 답이 나왔다.

즉, 사업지역은 라오까이성지방 대상 전체 8개 군District에서 극빈층이 속한 4개의 군으로 한정하여 집중하게 되었다. 첫 번째 의문사항인 500km 건설길이는 366km로 축소하는 계기가 되었다.[18] 또한, 마을개발도 도로 건설 해당 극빈층 4개 군District에서 마을을 선정하되 투입예산을 고려하여 8개 마을로 한정하여 선정하기로 했다. 한편, 사업대상지역과 사업량의 주요변경은 사업 발주자Client와 사업대상 협력국의 승인이 필요한 사항임은 물론이다.

이제 라오까이사업의 사업수혜자 분포구조를 보자.

다음 그림은 6개 사업 부문별 수혜자 그룹을 시각적으로 표현해 보았다. 사실, 라오까이 사업은 하나의 프로젝트로서 다루는 사업 부문Project component의 분야Sector가 워낙 이질적이고 다양하여서, 사업 부문 간의 수혜자 공유 정도가 여전히 낮음을 보여주고 있다. 이렇게 6개 사업부문Project component의 사업수혜자가 각각 달라, 통합적인 성과를 내어야 하는 종합사업의 사업부문간 시너지 효과가 다소 떨어진다는 의견도 있었다.

---

18) RD상 도로건설 500km는 실무회의를 거쳐 365km로 축소함. (28개 꼬뮨 x 5km x 2.5년 ≒ 350km)

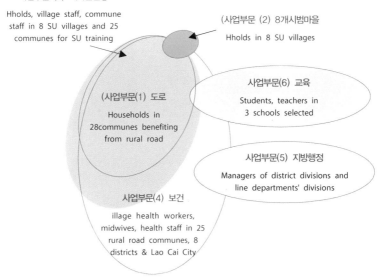

사업부문 (3) 새마을운동

Hholds, village staff, commune
staff in 8 SU villages and 25
communes for SU training

(사업부문 (2) 8개시범마을

Hholds in 8 SU villages

사업부문(6) 교육

Students, teachers in
3 schools selected

(사업부문(1) 도로

Households in
28communes benefiting
from rural road

사업부문(5) 지방행정

Managers of district divisions and
line departments' divisions

사업부문(4) 보건

illage health workers,
midwives, health staff in 25
rural road communes, 8
districts & Lao Cai City

Source: IRC based on the latest Program Action Plan

그림 11. 6개 사업 부문별 수혜자그룹

PART 02

부문별 사업활동
최적화 사례

들어가며

파트 2에서는 베트남 ODA 사업의 6개 사업부문Project Component 중에서 "8개 시범마을 개발"과 "도로 건설 366km"등 2개의 사업 부문의 사업활동 최적화 사례를 소개하려 한다.

◆ 제1장과 제2장에서는
각 사업 부문의 실행체계와 사업활동내용의 최적화 과정들을 소개한다. 사업의 플랫폼 역할을 하는 실행체계가 최적화되어야 현장의 활동들이 원활하게 진행되고 더 높은 성과를 바라볼 수 있기 때문이다. 이런 최적화 작업으로는 지역 거버넌스 활용방안, 사업활동의 공간적 범위설정, 사업 취지에 맞는, 사업수혜자 선정, 사업비 배정기준 및 집행요령 등이 있다.

◆ 제3장과 제4장에서는
"8개 마을개발"사업활동을 사례를 들어 이야기 스타일로 소개하였다. 이러한 사례들은 현장에 대한 이해의 폭을 넓힐 수도 있으며, 향후 본인이 맡게 될 프로젝트의 활동 구성에 도움 될 수도 있다.

제1장

최적화 사례 I - 농촌마을개발

8개 사업마을 선정결과 발표 워크숍 모습

3개 군(District)의 후보 농촌 마을 중에서 선정기준에 의해
최종적으로 선발된 주민리더들과 함께

1. 사업활동의 실행 접근방법

농촌개발사업을 실행할 때는 군청과 같은 지역 거버넌스의 참여가 매우 중요하다. 사업활동 과정에서 지역 공공 자원인 토지, 물 등의 가용자원 활용 덕분에 수혜자들은 혜택을 보게 되지만 프로젝트 대상지역에서 제외되는 인근 지역 주민의 생계 활동에는 의도하지 않은 부정적인 영향이 발생하게 될 수도 있다. 이렇게 사업이 가져올 긍정적인 혹은 부적정인 영향 등을 판단하기 위해서는 지역 거버넌스와 함께 법률, 조례 및 지역 관행 등을 살펴볼 필요가 있다. 만약 부정적인 영향이 예상될 경우 이에 대한 조치나 사전방지 대책도 필요하게 된다.

과거 1970~1980년대 한국에도 낙후한 농촌 지역 개발을 위한 새마을이라는 농촌개발정책이 있었다. 우리나라 개발협력 대상국 중에서도 국가적인 농촌개발정책과 시행전략이 존재하는 나라도 있다. 이 경우에는 기본적으로 그 나라의 정책을 존중하는 프로젝트를 설계해야 한다.

베트남에는 NRD(New Rural Development, 신농촌개발)이라는 자국 농촌개발정책이 있었다. 그래서 처음 베트남 사업 입찰제안서를 구성할 때 "한국의 농촌개발 경험과 사업국인 베트남의 NRD 실행전략 등을 고려하여 더욱 효과적인 사업실행 접근방식이 되도록 설계하고 실행한다."라고 기술했다.

이제, 베트남의 농촌개발정책을 간략히 알아보자.

한국의 새마을 운동은 초기에 정부 주도로 시작했지만, 점차 마을에서 필요한 사업활동을 마을 실정에 맞게 주민들이 선정하고 참여하는 상향식 주민 참여형Participatory Manner '마을 단위'개발이었던 것에 반해, 2010년도 초에 시작된 베트남의 NRD 정책은 '꼬뮨(한국의 읍, 면) 단위'의 개발이었다. 이와 같은 공간적인 범위의 차이 외에도, 양 국가의 정책적 실행접근 방식에도 차이가 있었다. NRD는 베트남 중앙정부에서 19개 지표목표를 세워 각 꼬뮨 단위에서 목표를 달성하는 다소 하향적이고 일률적인 사업실행방식이다.[19]

PMC 팀은 입찰제안서에 기술한 효과적인 사업실행 접근방식을 고안하기 위해 두 나라의 농촌개발정책을 혼합한 새로운 사업 방향에 대해 고민했다. 베트남 정책기관과 협의를 거듭하여 베트남의 경우, 국가가 획일적으로 19개 지표를 설정하는 과정에서 주민들의 자발적인 참여를 통한 의지를 반영하기가 어려운 구조였다는 점과 한국의 농촌개발 경험을 전수하기 위한 사업이라는 점을 고려하여 아래와 같이 접근하기로 결론지었다.

설명 Box 3. 실행접근 방법 결정 - 베트남 ODA 사업

농촌개발 실행접근 방법은

베트남의 꼬뮨 단위 방식이 아닌 '마을 단위로 개발하되,
• 각 마을에 생계 활동에 필요한 소득증대사업은 현장 조사와 주민 의사를 반영하여 예산 범위 내에서 사업활동을 선정하고,

• 현재 베트남 정부가 NRD 19개 지표달성을 위해 적용하고 있는 사업활동비 일부를 주민이 부담하는 형식을 취함

---

19) 코이카발행, 베트남의 새농촌개발프로그램과 새마을운동의 비교연구에 관한 한국
    • 베트남 공동정책연구(2015)를 참조하여 저자 작성

2. 사업마을 선정과정

사업실행을 맡은 PMC로서 사업 대상지를 처음 설정한 대상지역으로 유지할지, 현지 사정을 고려하여 감당할 수 있는 지역으로 한정해야 할지 고민했다. 프로젝트의 일회성이라는 특성과 PMC의 사업관리, 사업 효과성 등 여러 가지 측면에서 생각해보아야 하기 때문이다.

베트남 사업의 경우, RD에는 농촌개발 사업 부문이 라오까이성 8개 군 전체를 대상으로 계획되어 있었다. 하지만, 도로 건설 사업 부문이 4개 군으로 축소하는 방향으로 조정되었기에, 수혜 대상 측면, 물리적 거리, 예산 규모 등을 고려하여 마을 개발도 도로 건설 대상 4개 군으로 한정했다. 4개 군 내에 마을은 수백 개 중에서도 사업을 통한 기술지원과 적정규모의 예산투입이 가능한 8개 마을로 한정했다.

마을 선발 과정은 최소한의 공정성을 확보하기 위해 우선 정부로부터 추천받은 군을 대상으로 별도 기준을 적용하여 선발하는 방식을 택했다. 계획투자국(DPI)으로부터 3개 군 17개 후보 마을을 추천받았고, 정부 참여기관(DPI, DARD 등) 중심으로 합동조사단을 꾸려 현장 조사를 실시했다. 현장 인터뷰를 위해 3개 군 공무원과 마을 지도자가 모였고, 설문조사에는 17개 마을에서 총 307가구가 참여했다.

표 1. 사업후보 현장조사 마을[20]

군(District)	코뮌(Commune)	심사 대상 마을 숫자
무엉꾸엉(Muong Khuong)	렁바이(Lung Bai)	3
	룽꼬닌(Lung Khau Nhin)	4
박하(Bac Ha)	남몬(Nam Mon)	6
시마까이(Si Ma Cai)	만탄(Man Than)	4
계		17개 마을

마을 선정은 준비부터 선발 결과 최종발표까지 약 2개월의 시간이 걸렸다. 선정과정과 결과를 공유하는 발표회에는 심사에 관여했던 공무원과 군청, 그리고 PSC 위원장 등이 참석하였고, 최종적으로 선발된 아래 8개 마을 지도자에게는 간단한 상품과 선정 확인서Certificate가 주어졌다.

표 2. 선정된 대상마을 현황[21]

소속 군(District)	마을 이름	가구(House Hold) 수	마을주민 수
무엉꾸엉 군 (Muong Khuong)	꼬가이(Coc Cai)	59	273
	볼룽(Bo Lung)	70	341
	나랑(Na Lang)	67	323
	룽꼬닌(Lung Khau Nhin 1)	56	253
시마까이 군 (Si Ma Cai)	사이산핀(Say San Phin)	41	254
	상만탄(Sang Man Than)	40	224
박하 군 (Bac Ha)	꼬까이하(Coc Cai Ha)	50	237
	남몬(Nam Mon)	74	337
합 계		457	2,242

---

20) 베트남 라오까이사업 보고서 참조, 저자 재구성
21) 베트남 라오까이사업 보고서 참조, 저자 재구성

3. 주민 자부담과 사업비 배정

ODA형 농촌마을개발사업 실행에서 주민 참여방식은 대부분 사업 활동을 위한 인력 제공 정도이다. 특히 국가 재정 상황이 좋지 않은 국가일수록 이런 경향이 더욱 짙다고 할 수 있다.

베트남식 농촌개발정책에서는 수혜주민이 사업활동에 필요한 예산 중 일부를 부담하는 형식으로 참여한다. 수혜자가 사업활동에 적은 금액이라도 부담한다면 책임감 있게 사업활동 완수에 참여할 것이라는 가정Assumption에 기반한 것이다.

하지만 우리 사업에 이 방식을 적용하자니, 하나의 사업활동을 완성하는데 사업 예산과 주민 부담금, 두 개의 예산 주머니를 사용하는 상황이 되어버렸다. 이렇게 되면 예산 집행 절차가 복잡해져 사업활동이 지연될 소지가 있고, 회계 처리 방법도 다시 고민해야 했다.

마을 주민들에게는 이러한 고민보다는 마을별 예산 배정이 지대한 관심사였다. 마을 선정과 가용자원조사 등을 위해 실시한 PRA[22] 결과를 활용하여 다음 표와 같이 비교적 합리적인 예산 배정이 가능했다.

---

22) PRAParticipatory Rapid Appraisal(참여적 신속 평가); 농촌개발사업 실행에 앞서 마을의 자원조사Resource Survey와 마을자원Resource 등 잠재성을 파악하는 현장 조사

표 3. 마을별 개발예산 배정기준[23]

배분 기준	비중	비율(%)	비고
1. 마을별 가구 수	3	30	
2. 마을별 인구수	3	30	
3. 빈곤율	2	20	
〈 10%	0.1		
〉 10% and 〈 20%	0.2		마을별 빈곤율을 고려
〈 20% and 〈 40%	0.3		사업비의 20%를 배분
〉 40%	0.4		
4. 마을 자원	2	20	
자원보유(1위~2위)	0.3		
자원보유(3위~6위)	0.25		마을 자원 순위 별로
자원보유(7위~8위)	0.2		사업비의 20%를 배분
계	10	100	

4. 사업활동 실행체계 수립

마을 선정과 예산 배정이 어느 정도 정리되었으니, 실제 마을 개발
활동을 위한 실행체계를 만들 차례다. 실행체계는 사업 직접 참여자
Direct Stakeholders들 사이에 주고받는 문서, 예산, 협의 등 공식적인 업무
활동 채널Activity Channel을 만드는 작업이다.

베트남 사업의 6개 사업 부문 중에서 2개(마을개발, 보건) 사업 부
문이 8개 마을에서 실행되었다. 8개 마을 전체가 참여하는 만큼 많은
이해관계자가 참여했기에 상호 합의된 실행체계를 만드는 것은 원활
한 업무수행을 위해 꼭 필요하다.

---

23) 베트남 라오까이사업 보고서 참조, 저자 재구성

그림 12와 같이 상호 합의된 체계를 바탕으로 사업활동 시작 첫해 년도 중반부터 사업활동을 주관하는 도 단위Provincial Level 농촌개발국 사업 담당 공무원들의 현장 출장이 장기간 지연되고 현장에서는 각 종 불만이 커지고 있었다는 소식을 들었다.

농촌개발국의 활동 결과보고서를 바탕으로 사무소에서 대책 회의 를 한 결과, 도 단위 사업 담당 공무원들은 본연의 도 단위 업무 이 외에 부가적으로 사업에 참여하면서 먼 거리에 위치한 사업 현장 마 을에 액션플랜 상의 일정대로 출장하기란 정말 쉽지 않음을 파악할 수 있었다.

또한, 지역 거버넌스 측면에서 보면 마을 단위 대민 기술행정 업무 는 소속 군청이나 꼬뮨의 기술 공무원들의 주요 업무인데, 도 단위 공무원들이 직접 마을 현장에서의 활동이 순탄치 않았다. 자연 사업 활동의 과정이나 활동 결과들이 지연되고 부실해질 수밖에 없었다.

특히 농축산 사업활동에 대한 기술지도 등은 재배 시기가 중요하 고 바쁠 때는 현장에 상주하다시피 하는 현장 지도가 필요한데, 도 단위 공무원에게는 역부족이었다. 사업활동이 주민밀착형 기술지원 이 되지 못하고 있으니 자연 사업수혜 주민들의 불만이 표출되고 있 었다.

그래서 PMC는 이 실행경로Implementation Path로 사업활동을 지속한 다면, 사업 결과물을 만들어내기 힘들겠다고 판단했다.

아래 그림은 사업실행경로의 변화를 보여 주고 있다. 사업 첫해에 사업활동을 직접 수행했던 지방Province단위 농촌개발국의 역할을 각 사업지 관할 군청에 위임함으로써 사업활동이 미진한 부분들을 극복할 수 있었다.

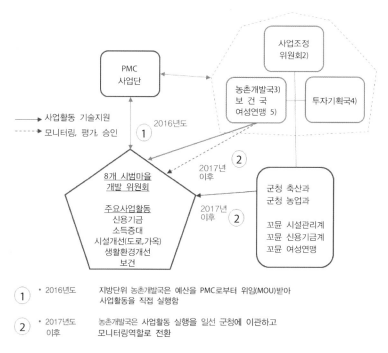

<table>
<tr><td>①</td><td>• 2016년도</td><td>지방단위 농촌개발국은 예산을 PMC로부터 위임(MOU)받아
사업활동을 직접 실행함</td></tr>
<tr><td>②</td><td>• 2017년도
이후</td><td>농촌개발국은 사업활동 실행을 일선 군청에 이관하고
모니터링역할로 전환</td></tr>
</table>

그림 12. 실행경로 변경사례

그래서 농촌개발국과 다시 협의하여 다음 연도인 실행 2차년도에는 군 단위 농축산센터가 현장 중심의 마을 단위 기술지원을 수행하기로 했다. 정부 사업 실행파트너를 도 단위에서 군청으로 하향한 것이다. 대신 농촌개발국은 평가 및 모니터링 활동을 수행하기로 했다. PMC 전문가들은 1차년도에 부진했던 사업활동을 만회하기 위해서 군단위 현장 공무원과 함께 현장에서 더욱 분발해야 했다.

실행경로의 변경 이후, 사업활동이 점차 안정되어 제 궤도에 오르기 시작하며 많은 긍정적인 요소들이 나타났다.

마을과 가까운 군 단위 이하 공무원들이 기술지원에 참여하니 농민들에게 더욱 친근하게 교육할 수 있고, 농작물별 재배 시기에 계획된 사업활동을 제때 시작할 수 있었다. 특히 군청 농축산센터 공무원들이 마을 단위 현장 밀착형 기술을 지원하여 사업활동이 더 효과적으로 변모해 나가기 시작했다.

다음 그림 13은 8개 시범 마을의 통합적 실행체계Inclusive Implementation Framework를 보여 주고 있다.

8개 마을에서는 세 개의 사업 부문(여성, 보건, 지역개발)의 활동이 있었다. 도 단위 3개국(여성연맹, 보건국, 농촌개발국)이 자연스럽게 사업파트너로 참여했다.

너무 많은 기관이 제각각의 사업활동의 기술지원을 하다 보니 단순한 사업수혜자보다 다수의 기관이 참여하게 되어 자칫 주민을 혼란스럽게 할 수 있는 상황이었다. 이렇게 많은 기관이 참여하는 복잡한 사업활동을 할 때는 주민들이 계획한 활동에 빠짐없이 참여할 수 있도록 일정을 조정하는 것이 상당히 중요하다. 이런 주민의 생계나 농축산활동 주요시기 등을 고려한 조정역할은 정기적으로 개최한 사업조정위원회(PSC) 회의의 역할도 컸다.

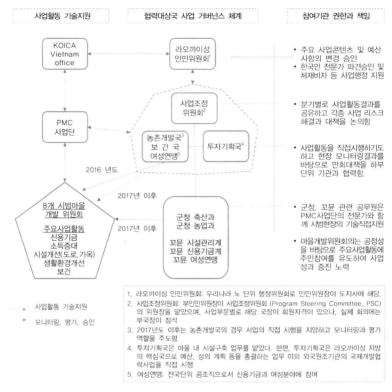

사업활동 기술지원 | 협력대상국 사업 거버넌스 체계 | 참여기관 권한과 책임

KOICA
Vietnam
office

라오까이성
인민위원회[1]

• 주요 사업콘텐츠 및 예산
  사항의 변경 승인
• 한국인 전문가 파견승인 및
  체재비자 등 사업행정 지원

PMC
사업단

사업조정
위원회[2]

농촌개발국[3]
보 건 국
여성연맹[5]

투자기획국[4]

• 분기별로 사업활동결과를
  공유하고 각종 사업 리스크
  해결과 대책을 논의함

• 사업활동을 직접시행하기도
  하고 현장 모니터링결과를
  바탕으로 만회대책을 하부
  단위 기관과 협력함.

2016 년도

2017년 이후

2017년 이후

8개 시범마을
개발 위원회

주요사업활동
신용기금
소득증대
시설개선(도로, 가옥)
생활환경개선
보건

군청 축산과
군청 농업과

꼬뮨 시설관리계
꼬뮨 신용기금계
꼬뮨 여성연맹

• 군청, 꼬뮨 관련 공무원은
  PMC사업단의 전문가와 함
  께 시범현장의 기술직접지원

• 마을개발위원회의는 공정성
  을 바탕으로 주요사업활동에
  주민참여를 유도하여 사업
  성과 증진 노력

→ 사업활동 기술지원
→ 모니터링, 평가, 승인

1. 라오까이성 인민위원회: 우리나라 도 단위 행정위원회로 인민위원장이 도지사에 해당.
2. 사업조정위원화 부인민위원장이 사업조정위원회 (Program Steering Committee, PSC)
   의 위원장을 맡았으며, 사업부문별로 해당 국장이 회원자격이 있으나, 실제 회의에는
   부국장이 참석
3. 2017년도 이후는 농촌개발국의 경우 사업의 직접 시행을 지양하고 모니터링과 평가
   역할을 주도함
4. 투자기획국은 마을 내 시설구축 업무를 맡았다. 한편, 투자기획국은 라오까이성 지방
   의 핵심국으로 예산, 성의 계획 등을 총괄하는 업무 이외 외국원조기관의 국제개발협
   력사업을 직접 시행
5. 여성연맹: 전국단위 공조직으로서 신용기금과 여성분야에 참여

그림 13. '8개마을개발' 사업활동 실행체계도

5. 사업활동의 연차별 실행전략

이제 사업의 연차별 실행전략을 생각해보자.

프로젝트는 정해진 기간과 예산을 활용하여 사업 결과물을 만들어
내야 한다. 따라서 연차별로 실행접근 전략을 다르게 세우는 것이 좋
다. 사업기간이 3년인 비교적 짧았던 베트남사업의 연차별 활동 전략
은 다음과 같다.

한편, 나라별로 다른 거버넌스의 업무속도 처리나 사업활동에 대한 현장의 습득과정이나 결과반응에 대한 기간도 고려될 필요가 있다. 최근 종합 농촌개발 사업의 예산 규모가 커지고 기간도 늘어나는 추세이므로 좀 더 여유있는 연차별 실행전략을 좀 더 세밀한 실행접근전략이 필요하다.

설명 Box 4. 사업활동의 연차별 실행전략

'**첫째 해**'에는 사업실행을 위한 준비작업에 주력하고.
'**둘째 해**'에는 사업활동과정의 약점들을 파악하여 대안과 해결책을 제시하며,
'**셋째 해**'에는 부진한 사업활동을 독려하되, 결과가 좋은 사업활동에 더욱 집중하여
　　　　　특정사업활동의 성과를 배가시킨다.

사업종료기에는
사업의 주인(Project Owner)에게 현장의 사업결과물과 주요 행정서류를 공식적으로 이관한다.

| 사업 콘텐츠완성
(액션플랜)
2015 | → | 사업시행
(훈련시기)
2016 | → | 사업시행
(심화/성숙)
2017 |

〈사업활동 준비 작업〉
- 4개군대상 8개 시범마을 선정
- 마을신속평가(PRA)
- 마을조직 재정비
- 액션플랜 작성
- 가치사슬(VC) 조사분석

〈실행 접근전략〉
- 참여기관과의 MOU체결 및 실행예산이관
- 참여기관 사업활동 직접주관, 모니터링 및 평가도 관여
- PMC는 사업실행 플랫폼 구축

〈실행 접근전략〉
- 사업 진도만회, 효율적 활동을 위해 PMC가 농촌개발국과 사업실행 역할 교체
- PMC는 군청과 MOU체결
- DARD는 평가활동 강화

〈생계형 사업활동〉
- 기반시설(마을회관, 마을안도로, 관개시설, 식수, 가구보수(오수 처리 등)
- 소득증대(농축산업, 물소, 암퇘지, 옥수수, 벼농사, 비수기 채소 등)
- 환경개선(퇴비저장소, 쓰레기 집하소, 표준위생주택 등)
- 신용기금 운용

〈역량강화 사업활동〉
교육(성정부, 군공무원)
교육(면,마을 농촌지도센터)
교육(면,마을 축산종사자)
선진지 견학(한국, 베트남 내)

〈기술지원 참여기관〉
- 시설분야 성정부 투자기획부
- 농축산분야 농촌개발국
- 기금분야 여성연맹
- 보건분야 보건국
- 현장지도: 군청 농촌지도센터

〈연말평가 워크숍〉
- 성과와 반성(각 마을대표가 마을현황 및 성과 발표 및 토론)
- 성과결과에 따라 3개마을을
- 우수 마을로 선정 및 포상.

〈기술지원 방향〉
- 사업활동 문제점 파악 및 대책
- 성과 좋은 사업활동 중점지원
- 주민 피드백 사업활동에 반영

〈사업종료전 조치〉
- 성과 및 평가워크숍
- 8개 마을사업활동 마무리
- 신용기금체계 현장중심이관
- 사무소기자재,차량 등 이관

➤ 주민 자부담율 적용 기준
- 공공형사업(도로, 하천, 관개시설, 식수, 마을회관 등) 20%
- 가정형사업(화장실, 욕조, 가정 오수처리 탱크, 기타자재 등) 20~30%
- 농축산사업(물소,흑 돼지 닭, 쌀, 옥수수, 채소 등) 50%
- 시설설치사업(가축, 분뇨처리, 가옥정비 등) 30~70%

그림 14. 연차별 사업실행전략

제2장

최적화 사례 II − 366km 도로건설

마을회관 진입로 도로건설 모습

이런 작업은 누가 강제한다고 해서 될 일들이 아니다.
완공 후 본인들의 혜택으로 돌아온다는 확실한 인식이 있어야
가능한 사업활동 중의 하나이다.

1. 도로건설 대상지역 선정

도로는 농촌 지역의 접근성 해결이라는 측면에서 상당히 중요한 사업활동 중 하나이다. 사업수혜주민들의 경제 사회 활동의 편리성을 높이고 생계 활동 중 운송경비와 시간을 큰 폭으로 절약할 수 있도록 해주기 때문이다. 그래서 국제개발협력 농촌개발사업에는 도로 건설이 주요 사업활동으로 포함되어 해외 현장에서 실행되고 있다. 이렇게 중요한 역할을 하는 도로가 건설되는 대상지역은 사업 타당성 조사 등을 통하여 대부분 사전에 정해진다.

이제 베트남 라오까이사업의 도로건설 사례를 보자.

도로 건설 노선은 대부분 지역 정부 의견을 존중하여 결정된다. 건설의 시급성과 현장 공무원과 주민들의 준비태세, 도로부지 및 예산 확보 여부 등 4개 요건이 도로 건설 대상지역을 선정하는 기준이 되었다. 추가로 라오까이이성 지역 정부의 자체 5개년 도로 건설 계획(2015~2020)에 포함된 지역을 우선하기로 했다. 이는 수원국 정책 일치Government Policy Alighment[24) 측면에서 자체 예산을 동원하는 데에도 상당히 긍정적인 역할을 할 수 있다.

라오까이성 정부는 이러한 요건들을 모두 만족하는 곳 중에서 빈곤율이 가장 높고 도로 여건이 좋지 않은 4개 군의 28개 꼬뮨을 선정했다.

---

24) Government policy Alignment(개발협력대상국 정책일치); 사업활동이 가급적 그 나라 정책실행의 목표에 맞추어야 사업활동이나 예산확보에도 긍정적인 역할을 할 수 있게 된다.

도로 건설이 계획된 곳에서 가장 눈에 띄는 곳은 8개 군중에서 가장 험준한 시마까이 군(XimaCai District)의 도로이다. 이곳에 건설될 도로의 길이가 제일 길었는데, 통상 건설 여건이 나은 곳을 선정하여 건설 길이를 최대로 늘이는 방법도 있지만, 사업지역 중 가장 열악한 마을들을 더 많이 선택하는 어려운 길을 택하였다. 도로 건설이 가장 시급한 이 지역을 우선으로 배려하자는 지역 정부와 PMC 사업단과의 상호 공감이 있었기에 가능했다.

아래 표는 도로 건설지역 및 수혜자 수Beneficiary Number, 군District별 노선 길이 등을 보여주고 있다.

표 4. 군별 도로 건설 지역 및 수혜자 수 및 건설 길이[25]

라오까이성 군(District)	도로건설 지역		가구 숫자			수혜자 수	건설 길이 (km)
	코뮌 수	수혜 마을 수	계	가장/남	가장/여		
합계	28	178	9,704	9,098	606	48,815	366
시마까이	6	39	2,600	2,453	147	13,043	140.6
박하	11	76	3,509	3,297	212	18,068	114.4
무엉꾸엉	9	57	2,999	2,772	227	14,294	96.8
사파	2	6	596	576	20	3,410	14.2

25) 베트남 라오까이성 사업보고서 참조

라오까이 지방의 산악지형에 기나긴 도로 건설의
목표가 과연 성공할 수 있을까.
프로젝트의 도전적인 사업활동들은 사업 기간 내내
마음을 졸이게 만든다.

2. 도로건설 참여자의 역할 분담

KOICA 예산은 도로 건설을 위한 총 6만여 톤의 시멘트를 구매하
는데 사용되었다. 이외 필요한 모래, 자갈 등의 건설자재와 극빈자 기
초적인 노임Basic Wage 등은 해당 군청예산과 성 정부Provincial Government
가 마련하였다.

주민참여형 도로 건설은 강제가 아닌 자발적 참여방식으로 진행되므로, 대상지역의 예상 참여자들을 대상으로 하는 사전 워크숍이 무엇보다도 중요하다. 지역선정 배경, 도로 건설 방식과 방법, 건설 시기 등에 대한 공유가 이루어져야 사업을 순조롭게 착수할 수 있다. 또한, 사유지가 도로에 편입되어야 할 때는 토지제공에 대한 주민들의 결단도 필요하다.

라오까이 사업 현장에서 PMC는 사업활동에 앞서 현장 공무원을 대상으로 워크숍을 개최하여 도로 건설 기술을 교육했다. 이후 교육을 받은 공무원이 현장에 나가 공사에 참여하는 마을주민들을 교육하는 TOTTraining for Trainer 방식으로 진행될 예정이므로, 기술 워크숍에서는 참여하는 주민들이 공사에 미숙하다는 점을 고려하여 기초적인 기술만으로도 일정 품질 이상의 성과물이 될 수 있도록 지도했다.

생계가 급한 주민들의 참여율에 대한 걱정이 있었지만, 막상 공사가 시작되니 평소 열악한 도로 사정 때문에 누구보다도 생계 활동이나 삶에 불편을 겪고 있던 주민 대부분이 발 벗고 나섰다.

표 5. 도로 건설 사업참여자의 역할[26]

구분	라오까이 정부	주민	PMC
담당 역할	- 지역단위 도로국에서 사업활동 총괄 - 4개 군청 기술 공무원의 기술지도 - 자체예산 확보 - 공사품질관리 및 완료 구간 검사	- 주민들이 도로공사에 참여하고 극빈자의 경우, 군청으로부터 기본 노임 수령 - 도로에 편입될 예정인 사유지의 자발적 기부	- 도로 노선별 품질관리, 워크숍 개최 및 기술지원 - 자재 검수 기성 검사 및 기술지원 - 공사 품질관리 및 완료 구간 검사

---

26) 베트남 라오까이사업 보고서 참조, 저자 재구성

3. 지방정부의 예산동원

ODA형 개발협력사업에서 협력국의 재정적인 분담사항은 대개 사무소 제공 정도가 대부분이며, 대상협력국 정부의 경제 사정이 좀 나은 경우에는 사업대상지역의 정부가 일부 재원을 출연한다. 하지만 상당히 규모가 큰 재원을 동원하는 것은 지방정부의 전년도 예산에 미리 배정된 경우를 제외하고는 거의 불가능하므로 사업 선정에 따른 추가 예산 배정이 순조롭게 이루어지는 것은 어려운 일이다.

베트남 사업에서도 PMC가 사업 초부터 우려했던 지방정부의 예산동원에 차질이 생겼다. 도로공사가 순조롭게 진행되는 줄 알았던 어느 날부터인가, 완성구간의 예상 건설 속도보다 점점 느려지기 시작했다. 그렇다고 비만 오면 산중에서 온 식구가 옴짝달싹하지 못할 정도로 진창인 시골길 때문에 평생 곤욕을 치르며 살았던 주민들에게 도로 건설은 숙원사업이었으므로 주민참여 열기가 식은 것은 아니었다.

협력국의 예산동원에 관한 사항에는 PMC가 개입할 방법이 없었고, 어려움이 해결된 것은 조정위원회(PSC)[27]의 역할이 컸다고 본다. PSC는 라오까이성 부성장Deputy Chairman, Lao cai Province이 위원장으로서 분기별로 회의를 진행했는데, 도로공사 예산확보 이슈가 첨예한 회의주제가 되어버렸다. 공사 현장의 기술적 리더 격인 4개 군District

---

[27] 사업조정위원회(Program steering committee, PSC)는 PMC사업단의 요청에 의해 라오까이성정부 인민위원회 위원장 아래 설치되었음. 분기별로 6개의 부문사업관련 부국장을 회원으로 참석하였음. 주 회의 내용은 사업경과 공유, 활동의 문제점 등을 협의함. 한편 군 단위 이하에서는 사업참여 4개 군청(District) 군수 등 사업참여자로 구성됨. 사안이 있을 경우 외교국, 재정국도 함께 참석함.

의 담당 공무원들은 위원장에게 갖가지 아이디어를 건의하며 대책을 호소했다.

이처럼 예산, 환경적인 여건 등으로 인해 공사가 지연된 시마까이 지역 내 난산 꼬뮨의 도로 건설이 무사히 완공될 수 있었던 사례를 살펴보자.

4. 난산(NanSan 꼬뮨)의 도로건설 성공사례

난산NanSan 꼬뮨은 지형이 험난한 시마까이 군에 건설될 140km 도로 중에서 40km를 목표로 설정했다. 당초 계획은 25km였으나, 꼬뮨 지도자가 야심차게 15km를 증가시켰다. 꼬뮨 공무원과 마을 주민들 사이에 이번 기회를 놓치면 언제 또 기본적인 교통 시스템을 구축할 수 있을지 알 수 없다는 공감대가 있었기 때문이다.

이처럼 주민의 열망을 담아 목표를 과감하게 설정했지만, 마을의 인적 자원이 대규모로 동원되어야 한다는 점이 사업 진행을 주저하게 만들어 모두 확신 없는 불안한 마음을 안고 있었다.

더불어 시마까이 군과 난산 꼬뮨에서는 암석이 많은 산이 전체 토지의 약 70%를 차지하고 있어 토지는 이곳 주민들에게 금처럼 귀중한 것이었다. 하지만 도로 설계 과정에서 불가피하게 많은 노선이 주민들의 사유지를 통과하게 되었다. 그러나, 주민들은 "우리 지역에 도로가 없다는 것이 유감입니다. 도로가 건설된다면 농산물을 시장에 판매하기가 쉬워지고, 우리 삶의 힘겨움을 덜어줄 수 있을 겁니다.

우리 아이들은 항상 길이 만들어지기를 꿈꾸고 있습니다."라며 토지 또는 현금 기부, 노동력 제공 등의 형태로 도로 건설을 지원했다.

이처럼 든든한 주민들의 지지 외에도 꼬뮨 지방정부는 건설 과정에서 발생하는 각종 문제와 어려움을 해결하여 작업자 그룹이 업무를 원활하게 수행할 수 있도록 했고 PMC 사무소, ODA PMU 등 다양한 이해관계자의 적절한 개입과 협력 덕분에 도로 건설은 많은 난관에도 불구하고 무사히 목표를 달성할 수 있었다.

5. 도전적인 사업활동 결과

앞서 설명한 것과 같이, 가장 열악하고 험준한 산악지형에 있는 시마까이 군의 도로 건설 목표길이가 4개 군 중에서 제일 길었다.[28] 건설해야 할 도로는 가장 길지만, 장마가 올 때마다 이상 강우로 인한 홍수 피해 역시 시마까이 군에서 가장 많이 발생했다. 폭우로 인한

---

28) 시마까이군의 도로건설 목표길이는 140.6km로 전체 4개군 건설길이 366km의 38.4%로 제일 길었다.

건설자재 운송 어려움이 공사 부진의 주요 원인이 되어버렸다. 이즈음에 열린 PSC 정기회의에서도 모두 시마까이 군을 걱정했다.

건설목표 366km라는 수치를 달성하기 위해 시마까이군의 할당량을 다른 군으로 일부 할당하자는 의견도 있었다. 이와 같은 의견에 도로 건설에 참여 중인 다른 세 개 군에서는 대환영 눈치였다. 정기적인 품질관리, 예산의 뒷받침 등을 바탕으로 완성된 도로의 품질이 평소 자국의 도로 품질이나 시공조건보다 훨씬 좋다는 것을 경험한 터였다.

하지만, 경사가 매우 심해 비가 올 때면 흙길이 전부 진창으로 변해 아이들의 통학, 인근 시장 또는 보건소 등 편의 시설에 대한 접근성에 상당한 지장을 받고 있었던 시마까이 군에서 계속해서 목표 달성 의지를 보이는 데다가, PSC 위원장이 힘을 실어주어 애초 계획대로 추진하기로 했다. 그래야 공익적 사업의미를 가치 있게 지킬 수 있다고 본 것이다. 시마까이군 주민들은 어려운 일상에서 벗어날 수 있는 절호의 기회임을 누구보다도 잘 알았기에 사업 막바지 시기에 더욱 열심히 일했다.

사업 후반기부터 완성된 도로 인근의 마을 여기저기서 흐뭇한 소식들이 들려오기 시작했다. 가장 큰 변화 중의 하나는, 도로 완성 이전에는 도매상들이 마을로 와서 애써 수확한 농산물을 싼값에 거두어 가버렸는데, 건설 이후엔 농민들이 농산물을 인근 시장에 직접 수송하여 판매함으로써 더 많은 이득을 낼 수 있었다.

농촌개발사업을 형성할 기회가 생길 경우,
도로 건설과 같은 인프라 사업부문(Infrastructure Component)과 필요 사업활동
을 권장한다.

‣ 적절한 인프라 구축은 사업 본연의 사업 결과(Output)의 성과를 배가하고
타 분야에도 예상하지 못한 긍정적인 사업 영향을 가져올 수도 있다.

주민들이 열심히 공사하여 완성한 마을간 연락도로 – 베트남ODA사업

제3장

마중물 사업활동 - 마을개발

마을 주민회의 및 소액금융 활동 모습

마을 주민회의 및 소액금융 활동 모습

베트남 농촌에도 열성적인 여성들이 많았다.

소액금융 활동이 농가Rural Household에 실질적인 소득을 가져왔다.

1. 왜 마중물 사업활동이 필요한가?

먼저 마중물이라는 말의 의미를 살펴보자. 옛날에는 집마다 앞마당에 우물이 있었다. 우물에서 물을 길 때, 한 바가지 물을 부은 후 펌프질을 하면 우물 안의 물을 손쉽게 끌어 올릴 수 있었다. 프로젝트에서도 참여자의 사업 신뢰도 제고, 상호 존중 분위기 형성 등 사업 성과를 높이는 역할을 하는 직간접적 사업활동을 '마중물'이라고 부르고 있다.

사업조정위원회도 마중물역할의 사업활동이라 할 수 있다.
사업조정위원회 구축은 사업활동이나 결과가 분절화Fragmented되거나 사업목표를 위한 사업실행 방향성Project Implmentation Direction을 바로 잡을 수 있게 된다. 사업이 여러 개의 사업부문Project Component으로 구성되어 있고, 사업구조Project Structure가 복잡할수록 통합적 실행체계의 신설이 필요하다.

참여형 농촌평가(PRA) 조사도 마찬가지다.
PRA는 수혜마을의 활용 가능한 생계 자산Livelihood Assets과 마을시설 인프라, 생계활동 현황, 주민수요Villager's Demand 등 전반적인 사항을 파악하는 데 유용하다. 즉, 마을의 자원 특성을 고려한 그룹형 생계 개선 사업활동을 계획하는데 효과적인 수단이 될 수 있다.

이제 사업활동의 수혜자Benficiary 사이의 공정성을 보자.
수혜자 선정이나 활동 과정에서 최소한의 공정성을 유지하지 못하면 많은 이해관계자가 참여하는 사업활동 결과에 부정적 영향을 미치기 쉽다. 예를 들면, 취약계층 주민에게 보다 많은 혜택이 돌아갈 수 있도록 구도를 짜야 한다. 마을 내 공공자원개발의 결과가 일부 주민에게만 편중되지 않도록 해야 주민 사이의 갈등 발생이 최소화된다. 그래야 사업 이후에도 사업을 통해 조직화한 조합, 작목반 등 생계형 공동체가 지속해서 원만하게 운영할 가능성이 커지게 된다.

또한, 최근에 중요성이 더욱 두드러지는 '성평등Gender Equality' 이슈를 생각해 보자. 생활 수준이 낮고 외부정보에 둔감한 지역일수록 여성들이 가정이나 지역사회에서의 지위는 더 낮았고 가정 내에서 여성의 경제적 책임은 더욱 무거운 듯했다. 국제개발사업 수행 시 젠더Gender의 특성을 고려하는 방향으로 사업을 설계할 필요가 있다. 빈곤 완화라는 사업목표를 달성하는 데 있어, 여성 수혜자들이 대등한 역할을 할 수 있도록 사업활동이 설계될 수 있도록 하는 주의가 필요하다.

2. 사업조정위원회(PSC)라는 조직

베트남 사업은 다른 사업에 비해 규모가 큰 편이었다. 이런 사업은 사업활동이나 결과가 분절화Fragmented되거나 사업목표를 위한 방향성이 흐트러질 수도 있다. PMC는 이런 어려움을 방지하기 위하여 사업의 6개 부문 활동을 통합적으로 관리하기 위해 협력국 정부 대표에게 사업조정위원회(PSC) 설립을 요청하였다. 이렇게 탄생한 PSC의 6개 사업 부문 실무책임자로 각 유관국의 부국장Deputy Director of the Department들이 분기별로 회의에 참석하였다.

사업을 통합적으로 관리하는 과정에서 각 사업 부문의 활동들이 서로 시너지효과를 낼 수도 있다. 예를 들면, 주민의 소득증대사업을 위한 판매 및 유통 활동을 할 때 새로 건설된 도로를 활용한다면 시장 접근성 향상을 통한 경제적 이득이 커지게 된다. 학교와 보건소 등 주민들이 많이 활용하는 시설에 대한 접근성도 좋아지니 삶의 질이 향상될 수 있다.

또한, 보건 활동 중의 하나인 모자클럽Mom and Kid Club 운영, 이유식 클럽Feeding Club 운영은 자녀의 건강개선은 물론 여성의 안정적인 소득증대 활동을 가능하게 할 수 있다.

사업조정위원회는 사업이 진행되는 과정에서 6개 사업 부문들이 통합될 수 있는 공식 플랫폼 역할을 하며 병렬적 협력Parallel Cooperation이 가능하게 한다. 여러 분야가 함께 참여하는 프로젝트일 경우 사업조정위원회 도입을 적극적으로 권하고 싶다.

사업조정위원회의 모습

사업초기 신설되어 매 분기(Quarter) 라오까이 지방정부
지방정부 인민위원회 건물 회의실에서 열렸다.

3. 참여형 농촌평가(PRA)

참여형 농촌평가(PRA)는 마을 내 활용 가능한 생계 자산Livelihood Assets29)과 주요 생계 활동 현황을 파악하기 위해 실시한다. 또한 조사자와 주민들 간의 토론 및 의견수렴과정을 통해 마을의 자원 특성을 고려한 그룹형 생계개선 사업활동을 계획하는데 효과적인 수단이 되기도 한다.

베트남 라오까이 사업에서도 PRA 결과를 활용하여 사업목표에 적절한 8개 시범 마을별 맞춤형 액션플랜을 탄생시킬 수 있었다. PRA 조사팀은 베트남 농촌개발부 산하기관인 NIAPP30)의 컨설팅팀, PMC 전문가, 해당 꼬뮨 공무원, 여성연맹 등으로 구성되어 2개월간 현장 방문을 통해 완성할 수 있었다.

본 사업을 위해서는 2개년도 계획만이 필요했지만, 주민과 지역 정부 측의 적극적인 요청으로 5개년 계획을 수립했다. 마을별 주민그룹은 평균 75%~95%의 높은 참석률을 보였으며, 마을별 참여자 중 여성 참여가 35%~50%일 정도로 의욕적이었다.

PMC는 PRA 결과를 바탕으로 마을별 투입예산, 주민수요 우선순위 등 몇 개의 조건을 고려하여 마을의 사업활동을 최종 선정하고 그 결과를 주민들과 공유하는 회의를 개최했다. 드디어 마을별 액션플랜이 완성되고 힘찬 사업 착수를 바라보게 되는 순간이었다.

---

29) 생계자산(Livelihood assets)을 5가지(human, social, natural, physical and financial capitals)로 분류할 수 있다.<carney, 1998, DFID>.

30) National Institute of Agricultural Planning and Projection(베트남 농촌개발부 농업계획연구원)

PRA의 주요 내용과 사용한 툴Tool 및 작성 결과 리스트는 아래와 같다. 독자의 이해를 돕기 위하여 현장에서 작성한 내용 중 일부를 부록에 수록하였다.

- 마을 생태 현황도Ecological Characteristics of the Village
- 농사 달력Cropping Calendar
- 벤 다이어그램Venn Diagram, SWOT 분석SWOT Analysis
- 생계 활동(농축산, 신용기금, 교육, 시장, 성평등 등)의 어려운 점과 잠재성 등
- 개발수요 인식 및 활동 계획Action Plan 초안 작성 등

사업초기 선발된 마을주민리더 합숙교육 – 베트남ODA사업

4. 실용적인 소액금융

소액금융 활동은 주민들에게는 상당한 호응을 얻을 수 있는 사업 활동 중 하나이다. 적은 수준이지만 현금이 직접 지원된다는 점에서 수혜자가 원하는 가계 활동에 사용할 수 있는 장점이 있다. 하지만, 가계에 제공한 소액금융이 우리의 계획대로 사용될 것인가에 대한 불안함과 더불어 기금관리 및 운영의 어려움이 상존한다. 그만큼 지속성 확보가 어려운 사업활동 중의 하나라고 볼 수 있다.

1) 도입결정 및 운용조건

라오까이 사업에서 마을 개발 사업 대상마을에 소액금융 활동 도입 여부를 결정하기 위해 마을 리더와 주민들을 상대로 설문조사를 실시했다. 응답자 대부분은 주요 생계 활동인 농축산업에 대한 초기 투자비가 부족하여 영농, 축산활동에 제약을 받고 있다고 답했다.

베트남 사회정책은행과 농업계열 은행이 취약계층 농민을 대상으로 민간은행보다 낮은 이자로 대출을 담당하고 있었지만, 담보 등의 조건으로 인해 신용도가 낮은 농민들은 대출에 대한 엄두를 내지 못하고 있었다. 그래서 주민들은 평소 본인들이 하고 싶었던 농축산형 생계 활동을 시도할 수 있도록 우리 사업에서 소액금융 대출 활동을 하게 되기를 바라고 있었다.

사업 착수 전 문헌 조사에서 베트남에서 실시된 '빈곤 경감 정책개발 및 실행사업(PRPP)[31]'의 많은 활동 중에서 소액금융 활동이 가구

---

31) Poverty reduction policies and program project(Sep 2012 - Dec 2016), 베트남 노동부 사회복지정책국(MOLISA)주관한 사업으로 베트남 8개 지방 소수 부족민 대상으로 한 사업

소득에 가장 긍정적인 영향을 끼쳤다는 평가를 읽고 소액금융 도입에 더욱 확신하게 되었다. 이런 조사 결과를 종합해 볼 때, PMC는 소액금융 활동이 주민들에게 유용한 '마중물' 역할을 하여 실질적인 소득증대의 수단이 될 수 있다고 판단하고 추진하기로 했다.

설명 Box 7. 소액금융 운용 조건

대출은 '생산성 있는 농축산 활동'으로 한정하고 대출 기간은 농축산물 추수기 등을 고려하여 6개월~24개월로 정하였다. 이자는 월 0.5%, 연간 6% 수준으로 정부 및 일반 은행보다 약간 낮다.

〈팁〉 PMC 사업단이 가이드 라인을 제시하지만, 마을주민 회의의 의견청취가 필요하다.
    소액기금 운용할 주민들이 수용할 수 있는 수준이되어야 한다.

표 6. 이자율 규정 및 대부조건[32]

비고	적용 규정	개요	대부조건
대부이자율[33]	월0.5%, 연간6%		- 사업활동에 적극적으로 참여하고 있는 가구
최대 대여한도	약 90불($)/가구당		- 생산성 있는 농축산 생계, 혹은 사업계획을 제시하는 가구
대여 기간	6개월~24개월	농축산물 추수기를 고려하여 대여 기간 설정	- 타 은행에 채무가 약 200불($)이하인 가구

---

32) 베트남 라오까이 사업 보고서 참조, 저자 재구성

33) 베트남의 기금대여 조합, 정부 은행, 정부프로그램에 따라 월 이자율이 1.59~0.8% 정도로 다양하였으며 한편, 비제도권인 개인, 친척 등에게 빌릴 경우 월 이자율이 2.6%~4.5%로 다양하였다. (1998, Vietnam Living Standard Survey 자료)

2) 소액금융의 운영

PMC는 PRA 결과를 바탕으로 소액금융 운용에 관한 규정 초안을 마련하고 현지 주민들의 의견을 수렴하여 일부 보완하였다. 그리고 드디어 3개 군District에 흩어진 8개 시범 마을 내 총 450여 가구, 수혜자 약 2,400명을 대상으로 활동이 진행되기 시작했다.

소액금융 도입 소식에 주민들은 기르기 쉽고 필요하면 목돈을 만들 수 있는 물소구입에 가장 큰 관심을 보였다. 사업을 통해 물소 구입예산의 50%를 지원할 계획이었지만, 나머지 50%를 감당할 수 없었던 주민들에게는 희소식이었다. 소액금융을 활용한 물소구입 활동에는 주민 회의를 통해 취약계층을 우선 수혜자로 선정했다.

사업이 중반을 넘어가면서, 잘 운영되는 듯했던 소액금융 활동에 대해 마을 개발위원회를 중심으로 불만의 목소리가 나오기 시작했다. 소액금융을 관리하는 성단위 여성연맹이 주민들의 대출이자 45%를 금융관리비로 가져가는 것이 불합리하다고 생각했기 때문이었다.
소득증대를 위해 주민들이 어렵게 받은 대출금 이자의 거의 절반을 여성연맹이 관리비 명목으로 떼어가는 상황이니, 주민들에게는 안타까운 상황이고, PMC도 같은 입장이었다. 따라서, 주민들이 신용기금에 내는 대출이자가 다시 주민들에게 혜택으로 돌아갈 수 있는 분배구조를 고안해서 당초 소액금융 도입 취지를 살리기로 했다.

PMC는 당시 관리자인 지역 여성연맹과 기존 운용체계 변경을 논의하여 마을 개발위원회가(VDC)가 중심이 되어 소액금융 기금을 운용하는 방향으로 선회했다. 행정적인 어려움을 줄이기 위해서 꼬뮨 사무소의 소액금융담당 공무원이 주기적으로 VDC를 방문하여 금융관리에 대해 기술지원을 하도록 했다.

가장 중요한 이슈였던 관리성 경비는 기존 45%에서 15%만 지출하는 것으로 합의했다. 또한 VDC 리더이면서도 소액금융담당자에게도 25%를 분배하여 업무 책임성을 높였다. 이는, 주민들이 선출하여 사업이 종료된 이후에는 알게 모르게 무보수로 마을 업무에 관여하게 될 VDC 리더에 대해 주민들이 감사의 의미로 주는 조그만 보상이 될 수도 있었다. 또한 회수된 이자를 분배하는 항목도 7개에서 4개로 단순화하여 과다했던 관리업무를 줄이고, 기금의 분산도 줄이기로 했다.

이러한 일련의 조치들은 소액금융관리 활동을 시 중심City Level에서 마을 중심Village Level으로 옮겨 현장에 가까운 곳으로 이관하고, 업무 단순화를 통해 주민들이 기금을 쉽게 운용할 수 있도록 해서 궁극적으로는 많은 혜택이 주민들에게 다시 돌아가도록 하기 위함이었다.

표 7. 소액금융 관리체계 및 분배구조 변경[34]

구분	2016년	2017년~최종	역할
관리주체	라오까이 성정부 성단위 여성연맹	라오까이성 정부 꼬뮨단위 여성연맹	대출심사 및 승인, 이자 및 원금납부 점검, 자금출납기록관리
운영주체	마을기금 운영조직	마을기금 운영조직	대출대상자 선정, 자금운영 및 기록, 기금보관
회수이자[35] 분 배 율	마을기금 운용조직 30% 성여성연맹 30% 기금 적립 10% 포상금 5% 예비비 5% 마을개발위원회 5% 꼬뮨 여성연맹 15%	마을기금 운용조직 40% 성여성연맹 기금 적립 20% 포상금 예비비 마을개발위원회 25% 꼬뮨 여성연맹 15%	〈저축이자〉 - 20% 마을기금조직 - 80% 저축이자지급

---

34) 베트남 라오까이사업 보고서 참조, 저자 재구성

35) 회수이자: 주민이 마을기금 운영규약에 따라 대부기간 발생이자(월0.5%)를 납부해야 하는 이자

3) 소액금융 우수현장 견학

베트남 사업이 진행되던 2017년 어느 날, 마을 금융 담당자, 꼬뮨 공무원 등과 소액금융 우수현장으로 알려진 디엔비엔성Dien Bien province 디엔비엔 군Dien Bien District으로 학습 여행을 떠난 적이 있다. 디엔비엔성은 라오까이 북동쪽에 있다. 거리상으로는 가까웠지만, 산세가 워낙 험해 이동에 거의 온종일 걸렸다. 이곳은 소액금융 활동이 활성화되어 많은 사람이 비결을 알고자 방문하여 방문객이 늘어나니 기회를 활용해서 관광형 소득증대사업까지 확장한 유명한 마을이었다.

소액금융 운영 마을에 들어서니, 방문자들을 마을회관에 앉혀놓고, 소액금융 운영과정을 재연하기 시작했다. 빌린 기금을 갚는 모습, 기록부를 작성하는 모습, 대부 희망자에게 기금을 건네는 모습 등이 인상적이었다. 늘 전통의상을 입고 생활하는 소수 부족민Ethnic Minority은 재연하는 모습이 마치 한 편의 연극을 보는 느낌이었다.

이 마을의 소액금융 활동에서 인상적인 것은 매월 조합 금을 갚는 회원 수와 금액을 예상하여 미리 대기자를 선정해 놓아 회원들이 갚은 현금이 바로 기금 대여희망자로 바로 이전되는 체계였다. 이와 같은 구조로 운용하니 사무실에 마련된 금고에 큰돈이 남아있는 경우가 거의 없다고 했다. 우리 사업에서 걱정하던 부분을 현명하게 해결할 방법을 어렴풋이 배울 수 있었다.

소액금융 활동을 보여준 후 질의 응답시간이 있었다. PMC와 현장 담당 공무원들만 상대했던 VDC 담당자들이 눈을 반짝거리며 손을 들어 질문하는 모습을 보니 오길 잘했다는 생각이 절로 들었다. 농민조합을 중심으로 재배하는 지역농산물로 준비한 식사와 전통춤! 작은 농촌 마을에서 소액금융활동을 확장하여 관광형 소득증대사업을 하는 것이 감탄스러웠다. 소액금융 전문 현지 NGO가 거의 십 년을 이 지역에서 활동하면서 주민과 만들어낸 결과라는 것이었다.

베트남 라오까이 ODA 사업 마을 주민들은 운 좋게 이방인들의 지원을 받아 소액금융 활동을 하게 되었지만, 이곳 VSLA 조합에서는 아주 적은 돈일지라도 장기간 저축하여 마을 기금을 꾸준하게 성장시켜 외부 지원 없이 운용하고 있는 것을 보니 라오까이성 주민들도 부러웠을 것이다. 학습 현장에서 돌아온 직후 기금 규정에 주민들의 동의를 얻어 '저축'을 기금조항에 삽입하는 계기가 되었다.

베트남 북부 디엔비엔 지방견학

꼬뮨단위 소액금융 활동 연출 모습

5. 쉽지 않은 공정성

국제개발협력사업은 실행단계에 들어가면서부터 사업활동을 통해 무수한 사업참여자를 만나게 된다. 당면한 문제를 해결하기 위해 다양한 지원을 하는 과정에서 사업수혜자도 선정해야 한다.

이 과정에서 혜택이 어느 한쪽에 편중되면 다른 지역 주민에게서 시기와 갈등을 불러일으킬 수도 있다. 특히, 마을 단위 공동체를 중심으로 하는 농촌개발사업에서는 유의해야 하는 대목이다. 불필요한 갈등을 방지하기 위해서는 사전에 수혜자 선정에 대한 명확한 기준을 세워 마을 공동체 대부분이 공감할 수 있도록 하고 사업 동안 지키도록 노력해야 한다.

농촌개발사업의 경우, 사업참여 가구별 활동 관리대장이 필요하다. 이를 통해 사업 초기부터 종료까지 PMC가 지원한 수혜 품목을 지속적으로 기록하고 관리해야 최소한의 공정성을 지킬 수 있다. 공익형 활동일수록 취약계층을 우선 적으로 사업수혜자로 고려하는 게 적절하다고 본다. 가끔은 마을 지도자의 왜곡된 욕심으로 깨질 경우도 있는데, 결국 그런 마을 지도자는 사업 중반쯤엔 주민들에 의해 교체되어 버리곤 했다.

탄자니아에서 사업을 할 때는 마을주민들을 회의에 불러 모으기도 쉽지 않았다. 사업수혜자 선정 시에도 일부 마을 개발 위원회 참여자들이 친인척을 중심으로 선정하는 등 내부적으로 편향되는 경우도 많았다. 수혜자 선정은 취약계층을 우선 고려하는 등 적용해야 하는 원칙이 많고, 상당히 신중히 접근해야 하지만 그렇지 못한 경우가 더 많았다.

하지만 현지 사정을 잘 모르는 한국인 전문가들이 미묘한 분위기를 사업 초기부터 즉각 감지하고 바로잡기는 어려웠다. 보통은 사업이 한창 진행되는 중에야 현지 전문가들에게 전해 들을 수 있었다. 신뢰할만한 현지 전문가의 역할이 더욱 절실한 순간이다.

탄자니아 사업에서 사업초기에 지켜내기 어려웠던 공정성은 거의 전체 사업마을 주민들이 참여했던 옥수수재배 작목반 사업활동에서 그나마 일부 공정성을 회복한 사례. 모로고로 주 정부에서 허락한 60헥타르(ha) 거의 황무지를 사업 마을주민들이 옥수수밭 만들기 작업에 참여하고는 이곳에 옥수수 농사를 지었다. 작목반 리더들은 밭 일구기 시작부터 옥수수 추수 때까지 마을위원회 주도로 꾸준히 출석을 관리해 왔다. 농사참여 가구별 출석대장을 비교적 공정히 관리해 주었기에 작목반의 옥수수 배분이 순조롭게 완료되었다.

사업 마지막 해엔 함께 했던 농업전문가 파견도 종료되어, 작목반원 스스로 농사를 처음부터 수확까지 스스로 해야 했다. 첫째 해의 기술훈련과 실습으로 확신에 찬 듯한 모습으로 작목반원들이 농사에 참여하여 추수결과를 뒤로한 채 철수해야 했지만, 비교적 성공적인 해피스토리를 전해 들을 수 있었다.

제4장
사업활동 에피소드 – 마을개발

시마까이 사이산핀 마을주민들

중국과 접경지역근처인 소수 부족민들은
언제나 수줍어하는 모습이었지만
참여한 사업활동으로 의미있는 사업성과(Project Outcome)를 남겼다.

1. 산간지대 소수부족민 생계특성

베트남 라오까이 행복 프로그램 사업의 사업목표는 소수 부족민 Ethnic Minority들의 생계향상이었다. 따라서 수혜 대상인 라오까이 성 Lao Cai Province 지역 특성을 이해하는 것은 프로젝트 실행에 효과적인 전략과 방법을 찾아내는 단서가 될 수 있으므로 꽤 중요한 일이다.

베트남은 54개의 민족으로 구성되어 있다. 대표 민족인 킨족은 가장 많은 약 85.32%를 인국의 대부분을 차지하고 있으며 주로 현재 국어인 베트남어를 사용하고 있다.[36] 그러나 사업지구였던 라오까이 성은 25개의 다른 소수 민족이 자기 고유의 문화와 언어를 간직한 채 살고 있다.

그중에서 마을 개발사업 부문에 참여했던 8개 마을은 중산간 이상의 고지대에 있는 3개 군District에 속해 있다. 8개 마을에는 소수 부족민 중에도 흐멍(H'Mong), 자이(Giay), 늉족(Nung), 타이(Tay) 종족이 많은 편이었다. 마을에는 주로 하나의 부족들이 주축을 이루며 살고 있는데, 부족 간 언어도 달라 소통이 쉽지 않았다.

PRA 조사 결과 이 지역 주민들의 문맹률은 상당히 높았고 교육 수준은 낮았다. 조혼의 풍습이 남아있었으며, 같은 부족민끼리 결혼하는 경우가 많았다. 또한, 부족민 자체 언어로 소통하니 다른 지역과 교류가 적어 유익한 정보에 대한 접근성도 떨어지고 있었다.

---

36) list of ethnic groups in Vietnam; Wikipedia 참조

다음으로, 지형적 특성을 살펴보자. 대부분 산악지형인 고지대에 있는 마을이라 아무래도 도로 상태가 열악하여 마을 내외로의 이동과 농축산물 수송이 불편했다. 시장 접근성이 떨어지기 때문에 시장가격 정보에도 어두웠다. 이러한 이유로 중간 상인들이 마을 안으로 직접 들어와 농산물을 헐값으로 구매해 농가의 수익 창출은 미미한 수준이다. 열악한 도로 사정은 생계뿐 아니라 주민들의 학교나 보건소 등에 대한 접근성을 낮게 해 삶의 질에도 상당한 영향을 미쳤다.

마지막으로 생계 활동 특성을 살펴보자. 다른 농촌 마을과 비슷하게 농축산 활동이 중심적으로 이루어지고 있었다. 하지만 보유하고 있는 경지면적이 가구당 평균 1.3ha로 협소하고, 그마저도 토양부식이 심하고 물 저장 시설물이 부족해서 옥수수, 대두 등 물 소비가 적은 농작물만을 재배하고 있었다. 밭벼나 옥수수가 주 식량원이 되어주고 있었지만, 전반적으로 수확량이 적기 때문에 식량으로 소비하고 남는 적은 양만 시장에 내다 파는 정도였다.

이런 고산지대 주민에게는 작물 재배보다는 축산이 주요 생계자산이다. 가축 중에서는 물소가 가장 큰 자산인데, 얼핏 보기에는 체구나 엄청나서 무섭지만 의외로 온순하고 추위에도 잘 견딘다고 한다. 농민들은 평소에는 물소를 농사일에 활용하고, 큰돈이 필요한 경우 물소를 시장에 판다. 그리고 목돈이 조금이라도 생기면 암송아지를 사서 길러 새끼를 낳도록 한다. 축산 장이 서는 공터에는 이른 아침부터 물소를 사고파는 주민과 상인들로 북적인다.

물소 다음으로 흑돼지도 많이 길렀는데, 산악지형에 적응한 흑돼지는 몸집이 작고 날렵했다. 이 지역 흑돼지는 맛이 좋아서 국경이 맞닿은 중국이나 하노이 상인들이 많이 사 가곤 했다.

이처럼 축산이 부족민들에게 주요 소득원 역할을 하고 있었지만, 생계 활동의 확장성 측면에서 보유한 토지가 협소해 먹이로 사용할 초지 조성이 쉽지 않다는 문제가 있었다. 또한, 집과 인접해서 가축을 사육하는데도 분뇨가 제대로 처리되지 못해서 집 주변에 분뇨가 널려있는 등 마을 보건위생 측면에서도 문제가 심각했다.

가끔은 국경을 접하고 있는 중국으로 넘어가 계절 인부로 생계를 이어가는데, 종종 부모가 돈을 벌러 떠나서 아이들만 집에 남아 있는 경우도 볼 수 있었다.

라오까이 산악지역 공터의 소 시장

매주 특정일 중국상인과 하노이 수집상들이 즉석에서
현금로 소를 수집해 간다.

2. 카우 뱅크(Cow Bank)

농촌개발사업에서 소득증대 활동으로 가끔 실행하는 것이 카우뱅크Cow Bank이다. 카우뱅크 활동으로 수혜 농가에 일정 사육시설을 설치해주고 훈련해 암소 한 마리를 분양하고, 암소가 다 자라서 새끼를 낳으면 최소 시간을 어미 소와 함께 사육한 후, 대기 명단에 있는 다른 수혜자에게 분양하는 일종의 리볼빙 방식의 사업활동이다.

베트남 라오까이 행복 프로그램에서도 카우뱅크 활동을 했다. 수혜자로 선정되면 암소 구매 비용의 절반은 사업비에서 지원을 받고, 나머지 절반은 마을 소액금융 금고에서 빌리게 된다. 이후 암소를 일정 기간 사육한 후에 빌린 지원금을 다시 소액금융 금고에 갚는 방식으로 운영되었다. 마을 주민 중에서 마을별로 구성된 암소작목반에서 소 사육에 필요한 시설 구축, 목초지 조성 등 활동에 참여하고 사육훈련에 참여한 인원만 수혜 대상자가 될 수 있었다.

사업 기간 2년에 걸쳐 총 207가구에 한 마리씩 소를 분양했는데, 사업 후반기에는 총 287마리가 되어 약 30%인 80마리가 증가하는 성과를 보이기도 했다.[37] 또한, 일부 수혜주민 중에서 물소가 낳은 새끼의 비육 상태가 좋아 예정된 기간보다 훨씬 빨리 대부금을 갚기도 했다.

하지만 활동이 마냥 순탄하게 진행된 것은 아니었다. 사업 첫해에는 지방정부에서 사업을 주도적으로 실행하여 암소 사육에 필요한 초기 비용(예방접종, 검역 및 인식표 부착 등 제반 비용)을 암소가격

---

37) 사업결과 보고서 축산분야 통계 인용

에 포함하여 책정하는 바람에 주민들이 빌려야 하는 금액도 증가하여 수혜자들의 부담을 주는 구조로 운영되고 있었다. 하지만, 본의 아니게 주민들에게 관리성 비용이 부담되는 예산구조를 변경하였다. 둘째 해부터는 주민들이 인근 시장에서 암소를 직접 구매하도록 허용하고, 군청의 가축 질병 센터에서 예방접종과 방역 등을 지원하는 형태로 운영하여 주민들의 부담을 덜어줄 수 있었다.

이러한 카우뱅크는 오랜 기간이 소요되는 활동이므로 비교적 사업 기간이 짧은 프로젝트에서 활용하기에는 한계가 있다는 단점이 있다. 암소가 새끼를 낳은 후 지역에 판매되어 대부금 일부를 갚은 방식으로 운영되면 더욱 오랜 시간이 소요되어 사업 기간 내 성과는 확인하기가 어렵다.

물소 시집가기

멀리 다른 지방에서 이동하여 방역을 마친 물소들이
마을 수혜자에게 인계되고 있다.

축산분야 사업활동에서 신경 써야 할 부분 중 하나는 가축 방역이다. 베트남 사업 당시 다행히 큰 피해를 준 전염병은 없었지만, 일부 마을에서 군청 농축산센터 소속 수의사가 적어 가축 질병 진료가 제때 되지 않는다는 불만이 나오기 시작했다.

당초 이러한 방역 문제를 해결하기 위해 마을 개발 액션플랜 수립 시에 수의 기능사 양성프로그램을 포함했다. 하지만 갑자기 농촌개발국(DARD)가 "군청 농축산센터 수의 공무원 외에는 치료할 수 없다."라고 반대하며 태도를 바꾸었다.

이에 마을 대표가 가축 진료 어려움에 대해 토로하며 당초 계획대로 진행할 것을 요청했으나, 농촌개발국은 반대주장을 굽히지 않았다. 결국 PMC는 수술이 가능한 전문 인력이 아닌 간단한 주사와 비상약 처방 등만 다루는 정도의 기능사 양성을 대안으로 제시했고, 농촌개발국이 받아들였다.

수의 기능사 후보로 선발된 주민들은 라오까이 시내 농촌개발국 내 축산교육 시설에서 합숙하며 교육을 받았다. 소정의 숙식비, 교통비 등 훈련 비용을 지원받는 대신, 사업 기간에는 마을 가축의 일차적 응급처치 서비스를 무상으로 제공하고 사업이 종료된 이후에는 주민들이 수의기능사 서비스 사용에 대한 일정 비용을 지불하는 것으로 협의한 이후 사업활동을 시작했다.

3. 벨류체인의 첫걸음

농촌개발사업에서 주민 소득증대 향상을 위한 또 다른 활동 중에 농업 밸류체인Value Chain38)이 있다. 가치사슬이라고 불리는 밸류체인은 농촌지역의 농산물 생산, 가공, 판매 등 프로세스를 각각의 액터Actor 가 각자의 역할 속에서 가치를 추구한다는 개념이다. 이는 매우 이상적인 형태이나, 농촌 현장에서 실제로 구현하는 데는 상당한 어려움이 있다.

사실 농산물 가치사슬은 사회적 자본Social Capital이 어느 정도 축적 된 곳에서 가능하다고 볼 수 있다. 작목반 결성, 농산물 품질향상, 생 산량 증가, 가공처리, 마케팅, 수익을 활용한 재투자 등 복합적이고 연쇄적인 과정에서 각 역할을 맡은 액터들이 정상적으로 활동할 수 있는 기반이 마련되어야 하기 때문이다. 이 모든 활동을 하나의 프로 젝트에서 완성하는 것은 결코 쉬운 일이 아니다.

베트남 사업에서도 고산지대 협소한 토지에서 농사를 짓는 주민들 의 안정적인 소득을 확보하기 위해 이러한 가치사슬 추구 활동이 실 행되었다. 지역에서 재배된 농산물을 농산물 수출회사에 판매하여 상 생의 협력을 추구하겠다는 계획을 세웠다. 설사 사업 기간 중 결실이 나지 않아도 채소의 상품성에 대한 인식 개선을 통해 청년 농업가의 미래에 도움이 되겠다는 취지가 있었다.

우선 마을별로 환금작물이 될 수 있는 농산물을 중심으로 작목반 을 만들고 리더들과 함께 하노이에 제법 큰 채소 수출공장을 방문했 다. 이 회사에서는 1차 가공 처리된 채소를 유럽과 일본으로 수출하 고 있었다. 젊고 유망한 대표는 농산물에 대한 수요는 있으나 우수한 품질의 농산물을 구하기 어려워 공급이 부족하다고 설명하였다.

---

38) 밸류체인Agricultural Value Chain; 개발협력 분야에서 일반적인 정의는 찾기 쉽지 않 으나, 농업생산에서 출발하여 농산물이 소비자에게 전달되는 과정에서의 농산품 이나 서비스를 망라한 것을 언급하고 있음.
　<Wikipedia>

2박 3일간의 연수에 참여한 주민들은 여러 농산물 유통회사 관계자들과 많은 의견을 나누고 돌아와 작물을 잘 키워 판매하겠다는 마음으로 각자 마을에 적합한 호박, 양배추, 감자 등 채소를 재배하기 시작했다.

주민들의 열정과 현지 농업전문가의 기술지원 덕분에 작물들은 비교적 잘 자랐다. 하지만 수확이 멀지 않은 어느 날 라오까이 지방을 포함한 베트남 북부 전역에 며칠간 태풍과 호우가 몰아쳤고, 뉴스에 나올 정도로 피해가 심각했다.

하노이 인근 농산물 수출회사 방문

8개 마을 작목반 리더들이
작업장에서의 농산물 가공과정을 유심히 살펴보고 있다.

작물들도 여지없이 피해를 보았고, 겨우 피해를 피해간 채소도 유통회사에서 요구하는 품질에는 미치지 못하는 것이 상당했다. 상품성이 그나마 있는 것은 군 시장에서 일부 판매하고 나머지는 가축의 먹이로 소비했다. 계획했던 결실을 이루지 못한 것에 모두가 안타까워했다. 경사지가 많은 지역은 다른 지역보다 재해나 홍수로 인한 피해에 더 취약하다. 열심히 키운 작물도 이처럼 예상하지 못한 큰 자연재해를 만나 농민의 땀이 열매 맺지 못하는 경우가 자주 발생한다.

4. 인간적인 마을회관

농촌개발사업에서 흔히 볼 수 있는 활동 중 하나가 마을회관 건축이다. 언젠가 조사에서 참석자 중 한 명이 '그 흔한 마을회관Community Hall 건축 활동이 포함되었다.'라고 할 정도로 많이 수행되지만, 한편으로는 사업 효과성에 의문이 있기도 한 활동이다.

하지만 개인적으로 나는 농촌개발사업에서 마을회관 건축이 필요하다고 생각하는 사람 중 하나이다. 마을회관이 건축되면 다른 사업활동을 교육하고 훈련하는 장소로 사용될 수 있고, 마을 내 작목반이나 사업활동 관련한 주민들의 토론 장소로 활용될 수도 있다. 또한, 공용 시설물 보관 혹은 정비공간으로도 손색이 없다. 더불어 마을의 행사나 애경사에 활용된다면 더할 나위 없을 것이다.

베트남 라오까이 행복 프로그램에서는 8개 마을 내 마을회관이 있는 곳은 건물 보수를 하고, 없는 곳은 부지를 찾아 신축했다. 사업활동 중에는 농법과 보건위생 포스터를 마을회관 벽면에 부착하여 주민 교육에 이용했다. 종료 시기쯤 되었을 때는 각종 자료와 마을 사진 등이 추가되어 마을회관이 나름 잘 꾸며져 있었는데, 사업활동의 하나로 의자, 연설대, 오디오 시설까지 지원하여 설치하니 이렇다 할 문화시설이나 공간이 부족한 산간 지역 주민들에게 의미 있는 삶의 공간이 마련되었다.

과테말라에서는 내전으로 고향을 떠나 이웃 나라 멕시코로 피신했다가 고향으로 돌아온 난민을 지원하는 사업을 수행했다. 아무래도 주민들에게는 생계터전에 대해 불안함이 있어 함께하는 회의도 예상보다 거칠게 진행되었다.

4개 사업 마을도 동서남북으로 흩어져 있어 출장이 쉽지 않은 상황에서 모든 마을에 마을회관과 종합직업훈련센터를 건축했다. 이주민들이 정착한 마을은 정부가 허락한 황무지 같은 곳에 있어 문화시설이나 공관은 거의 없었다. 그러한 지역에서 마을회관과 직업훈련센터와 같은 건물은 다목적으로 유용하게 활용될 수 있는 역할을 한다.

그중에서도 기억나는 곳은 산타에율랄리아읍인데, 그곳은 8시간 이상을 산과 고원을 넘어야 겨우 도착할 수 있는 곳이다. 이곳에도 정부가 내어준 빈공터에 종합 직업훈련센터 건축 활동을 하고 있었다. 센터 완공 전까지는 주변의 한 식당을 빌려 회의 장소로 사용했다.

마을 회의를 할 때면, 몇 개 마을에 흩어져 사는 이주민들이 아침을 대충 거르고 삼삼오오 식당으로 모여들었다. 이러한 사정을 알게 된 PMC는 항상 준비하는 다과 대신에 아침 식사가 될 수 있는 따뜻한 또띠야와 수프를 준비했다.

추운 아침에 한참을 걸어오느라 볼이 발그레해진 주민들과 코 흘리는 아이들도 함께 허름한 식당에서 맞이한 따뜻한 아침이었다. 식당에 들어와 안도하는 그들과 그들의 자식들을 보면서 건축물이 완공되면 그곳에서 더 편안한 시간을 보내면 좋겠다고 생각했다.

산간벽지에 있는 이곳은 변변한 학교나 문화시설이 없다. 그래서 이 지역에 지어지는 직업훈련센터는 농축산 중심의 생계 활동을 다양화하고 생활환경을 개선할 수 있는 문화공간을 만드는 것에 초점을 맞추었다. 센터에는 회의 및 행사용 홀Hall과 봉제, 목공, 컴퓨터실을 갖추도록 설계되었다.

시설을 사용하게 될 난민들의 눈높이와 수요에 맞는 직업훈련과정을 개설하고, 현지에 있는 다른 교육훈련 기관과 별도 계약을 맺어 직업훈련 교사 양성 단기과정을 열었다. 이러한 과정들은 사업 초기 액션플랜 수립과정에서 주민들의 의사와 과테말라 취업 시장을 고려한 수요를 반영한 결과이다. 즉, 생계 활동과 문화시설을 함께 고려한 복합건축물이라고 할 수 있다.

더욱이 기자재들을 배송하고 설치하는 데서 끝나는 것이 아니라 현장에서 사용법을 교육하고 기술을 지원하는 것은 물론 일정 기간 AS까지 보장하는 턴키Turn Key 형식으로 계약했다. 동료들은 과잉투자라고 의아해하는 눈치가 없지 않았지만, 세계 곳곳의 현장에서 이렇게 많은 예산이 투입된 기자재들이 작은 고장과 부품 부족으로 인해 쓸모없이 널브러져 있는 것을 수없이 보아왔기 때문에 어쩔 수 없는 선택이었다.

조촐한 마을잔치 - 베트남 ODA사업

마을회관개보수를 마치고

산타에울랄리아 마을회관 완공식 - 과테말라 ODA사업

소나무 잎들을 홀 바닥에 정성스레 깔고는
전통무용 공연 등 축하 행사를 가졌다.

5. VDC의 존재이유

농촌 마을에서 마을개발위원회(VDC)가 필요한 이유는 무엇일까? 개발협력 대상국 농촌에서의 생계 활동은 마을에서 활용 가능한 인프라 및 자원을 공동으로 활용해야 하는 농축산형 중심 활동이 대부분이다. 이처럼 공유자원을 활용한 그룹형 생계 활동이 많으므로 주민들이 이러한 인프라를 함께 사용하기 위해서는 사용원칙과 기준이 필요한데, 이러한 합의를 이루어 내기 위해 VDC가 필요하다.

마을 상류에 있는 저수지는 마을을 통과하며 논과 밭에 필요한 농업용수를 공급한다. 따라서 마을 상류의 밭이나 논에서 제초제나 환경 오염성 약품을 과도하게 사용하게 되면 그 피해는 고스란히 하류부에 있는 마을이 입게 된다. 도로의 경우, 인근 마을과 시장을 연결하는 중요한 역할을 하게 되는데 경제성 있고 편리한 농사일과 농산물 판매를 위해서는 도로 여건이 매우 중요하다. 이처럼 농촌의 공유형 생활자원의 사용, 보전, 개선은 VDC 회의를 통해 당사자 간 논의가 필요하다.

대부분의 선진국은 농촌지역에 맞는 각종 정책과 지원사업을 통해 위에서 언급한 많은 문제가 해결되지만, 개발도상국 농촌의 현실은 그렇지 않은 경우가 많다. 주민들이 스스로 어느 정도 해결해야 한다. 이러한 측면에서도 각 마을이 VDC 조직을 만들고 주민들이 공감하는 원칙과 규약을 만들어 활용하면 더 나은 마을을 만들 수 있는 역할을 할 수 있다.

사업에서 생계형 소득증대 활동을 할 때도 VDC 조직이 개인보다 더 큰 힘을 발휘할 수 있다. 보통 농촌의 취약계층은 개개인이 보유한 농지면적이 작다, 농산물생산량도 적다. 생산량이 적고 품질이 일정하지 않으면 전문유통업체와 거래하기가 힘들다. 시장은 일정 규모 이상의 꾸준한 생산량과 품질을 요구하기 때문이다. 이럴 때 작목반 같은 조직을 만들어 역할을 분담하고 규모를 키워 작업하면 전문성도 생기고 더 큰 성과를 낼 수 있다.

이처럼 다양한 측면에서 VDC는 주민들이 마을 실정에 맞는 생계 및 개선 활동을 찾고 스스로 해결하는 역량을 키울 수 있는 소통의 플랫폼 역할을 할 수 있다.

제법 쾌적해진 마을회관

다양한 사업활동 콘텐츠들이 회관내부 벽에
자리를 잡기 시작했다.

6. VDC의 흥망성쇠

베트남에서는 VDC 활동에서도 사회주의적 성향을 확인할 수 있었다. 마을 주민들이 의사결정을 하는 과정에서 주민들이 개인의 의사를 표현하기보다는 마을 리더의 지시와 제안에 순응하며 따라오고 있었다. 마을 내 꼬뮨에서 직접 임명한 인민위원회가 있어 꼬뮨과 행정적으로 협력하고 있었다.

8개 사업 대상마을 중 한 마을의 지도자가 주민들에 의해 선임되었다. 처음에 그는 잘나가는 듯했으나 사업 초기에 공정성을 지키지 않고 몇몇 수혜 품목의 혜택을 보았고, 결국 지도력과 사업참여 태도 등이 문제가 되어 주민 회의를 거쳐 사임하게 되었다.

이는 다른 마을에도 본보기가 되어 퍼져나가기 시작했다. 사업 중반기부터 활동이 다양해지고 마을 리더들의 역할이 중요해지자 사업 초기에 선임된 일부 인기 있던 마을 지도자들은 주민들의 따가운 시선을 견디지 못하고 스스로 물러나기 시작했다. 이런 사건들 이후 각 마을에는 사업에 적극적인 실무형 지도자들로 교체되기 시작했다.

과테말라에서는 4개 사업 마을 중에서 유독 마을 지도자의 리더십이 눈에 띈 남부지역의 한 마을이 있었다. 그는 PMC 사업단에도 적극적으로 협조하여 마을의 사업성과가 잘 나올 것이라고 예상했다. 하지만 그는 사업활동에 여러 가지 크고 작은 어려움이 닥치자 이를 극복해나가는 과정에서 주민들에게 그의 생각과 고집만을 주장해서 결국 사업활동이 당초 계획된 방향으로 진행되지 못했다. 그의 편향적인 태도가 사업활동에 부정적인 영향을 미친 것이다.

의사표시를 하는 산타에율랄리아 읍내 마을 주민들

한편, PMC 사무소와 가장 먼 외딴 산악 지역에 산타에율랄리아라는 마을이 있었는데, 생계 활동 환경이 좋지 않아 사업성과도 미미할 것이라고 예상했다. 하지만 읍내의 교사가 중심이 되어 마을 주민들을 잘 이끌어나간 덕분에 소리소문없이 괄목한 성과를 보여 준 일도 있었다. 그는 수줍음이 많아 주민 회의를 할 때마다 크게 의견이나 주장을 내세우지 않았는데도 조용히 단합과 화합의 힘을 보여 주었다.

7. 사업에도 토지사연이

농촌개발사업에서 작물 재배 등의 생계 활동은 토지를 무대로 이루어진다. 어느 지역에서나 하늘의 축복 덕분에 땅과 물에서 나는 소산으로 가축을 키우고 곡식을 재배하여 풍성한 수확을 기대한다. 이처럼 농촌개발 분야 사업에서 토지는 떼려야 뗄 수 없는 관계에 있는 만큼 사업을 하다 보면 토지와 관련한 다양한 이슈가 발생한다.

과테말라에서는 토지문제로 인해 수혜 마을이 6개에서 4개로 줄어들었다.

첫 번째 마을은, 액션플랜의 사업활동을 최적화하기 위해 사업 현장을 조사하는 과정에서 토지 소유권에 관한 문제가 있다는 것을 알게 되었다.

이러한 치명적인 사실은 평소 아침마다 열심히 신문을 읽는 운전사 윌리엄씨가 발견했는데, 사업 예정지에 이주민과 원 토지소유자 간 토지문제로 인한 물리적 충돌이 일어났다는 기사가 난 것이다. 사업의 수혜자가 될 지역 주민들이 내전으로 인해 멕시코로 몇 년간 피신해 있다가 부모의 고향에 돌아온 사이에, 부모의 땅이 남에게 넘어 가버린 것이다. 결국 토지 소유에 관한 문제가 복잡하고 공공부지에 지어져야 할 사업 건축물[39]이 갈 곳을 잃어 사업지역에서 제외되었다.

또 다른 한 마을은 전형적인 도시 인근의 주거지역인데, 생계 활동을 하기 위한 토지가 없는 상황이었을 뿐 아니라, 활동 도중에 주민 간 갈등으로 인한 총기사고가 발생했다. 결국 두 마을에 대한 현황을 문서로 보고했고, 정식절차를 밟아 사업 초기에 사업대상지역에서 제외되고 말았다.

---

39) 국제개발협력 사업의 경우, 건축물은 정부 소유의 공공 대지에 지어지도록 하고 있음.

탄자니아에서는 모로고로 주 정부로부터 공식문서로 허가를 받은 유휴지 60ha에서 작목반 주민들과 함께 큰 옥수수 농사를 두 번 지었다. 취약계층 주민들과 PMC가 수개월 동안 열심히 노력해서 수확의 축복을 기다리던 어느 날, 토지의 임자가 따로 있으니 일정 기한까지 토지에서의 일체 행위를 금하고 철수하라는 서신을 받았다.

급하게 주 정부 토지 담당자와 사실 여부를 확인했지만, 한동안 시원한 답을 얻을 수 없었다. 정부의 조사가 한참이나 진행된 이후에야 지적대장에 지방정부와 중앙정부가 기재한 토지소유자가 다르다는 것을 알아냈다.

청천벽력 같은 소식이었지만 사업활동에 참여했던 주민들이 3년이나 흘린 땀과 정성으로 만든 생명과도 같은 개간된 농지를 포기할 수는 없었다. 토지소유자는 제법 큰 다국적 기업이었지만 아무래도 주민들로부터 그 토지를 되돌려받기는 어렵다고 생각한 것 같다. 다행히도 중앙정부는 해당 기업에 다른 토지를 제공하고 지역 주민들이 사업지역의 토지를 계속 사용할 수 있도록 해결해주었다.

땅이 넓고 그에 비해 인구밀도가 낮은 아프리카 지역이지만 토지소유자가 소수에게 편중된 경우가 많고, 행정역량이 낮아 지적대장이 잘 정리되어 있지 않다. 따라서 생계 활동이나 시설물 건축 등 토지를 이용한 사업활동을 할 때는 토지의 법적 권리를 세심하게 살펴볼 필요가 있다.

삶을 살아가는데 중요한 터전인 토지 소유의 극심한 불균형과 국가에서도 토지에 대한 정확한 정보가 없는 이러한 상황이 결국 소농과 같은 국민의 가난이 대물림되는 근본적인 원인 중의 하나가 될 수도 있다고 생각해본다.

토지문제로 제외된 사업 후보마을의 아이들

소박한 마을회관에서의 회의장에 어른들이
참석하기도 전부터 몰려들었다.

이 마을 방문 때마다 운전사 윌리암씨는 많은 사탕을 준비하여
아이들을 즐겁게 한 기억이 마음 아프다.

8. 의외의 마을, 룽꼬닌

베트남 사업대상 8개 마을 중 하나인 룽꼬닌 마을은 무엉꾸엉 군District,
룽꼬닌 꼬뮨에 속해 있다, 56가구 약 250여 명이 거주하고 있으며 마
을 주민의 98%가 소수 부족민인 눙Nhung족이었다. 주민 대부분이 농
축산업을 주 생계 활동으로 살아가며, 빈곤율이 60%가 넘을 정도로
최하위 빈곤층에 속한다.

이 마을을 방문해보니 몇 마리 되지도 않는 물소 분뇨가 흘러내려 마을 안의 길들이 엉망인 데다, 냄새가 진동하고 있었다. 집 옆에 엉성한 축사를 지어 놓고 기르고 있어 주민들의 건강도 걱정되는 상황이었다.

그러한 상황인데도 불구하고 주민들의 사업에 대한 열의가 낮아 활동 참여율도 저조한데 불평불만과 요구는 넘쳐났다. 마을 전체 회의를 할라치면 군청 기술 공무원들은 주민들을 야단만 치기 일쑤였고, 주민들이 낮술에 취해 돌아다니기도 했다. 주민들과의 이러한 씨름은 사업 중반기가 다 되어 갈 때까지 계속되었다. 출장을 마치고 라오까이 시내로 돌아오는 길에도 현지 공무원들은 마을의 누가 어떤 불평을 했는지 이야기하는 등 방문을 꺼렸다.

다른 마을에 비해 사업활동 진도가 한참 뒤처져 있던 어느 날, 분위기에 반전이 일어나기 시작했다. 그날도 어렵게 회의장에 모인 마을 주민들과 사업활동이 완료된 한 주민의 축사를 같이 방문하는 시간을 가졌다.

일단은 축사가 집에서 얼마간 떨어져 있어 그것만으로도 가족의 건강이 확실히 나아질 것 같았다. 그뿐만 아니라 축사 안의 분뇨를 한쪽 바닥에 깔린 왕겨와 섞어 물기가 증발하여 축사 안이 깨끗해졌다.

눈에 보이는 변화와 분뇨와 섞인 왕겨는 다시 퇴비로도 사용할 수 있다는 현지 전문가의 열띤 설명에 주민들은 긍정적인 반응을 보이기 시작했다. 이후에는 주민들이 너도나도 활동에 참여하겠다고 손을 들었다. 주민들의 변화가 일어난 지 얼마 지나지 않아 마을에는 길에 굴러다니면 그 많던 분뇨 덩어리가 확연하게 줄어들었다.

흑돼지 우리(Pig House) 보수

우측 바닥을 왕겨 등을 깔아놓아 분뇨와 섞여져
천연비료로도 사용하고 바닥 습기가 현저히 제거되어 위생에도 좋다.

9. 생명같은 수자원개발

우리는 살면서 '물이 중요하다'라는 것을 몸으로 체감하면서 살고
있다. 사업을 하면서 세계 여러 곳을 다니며 이렇게 생명을 유지하는
데 필수적인 물이 어느 곳에나 흔한 것은 아니라는 것을 더욱 실감하
게 되었다.

방문한 개발도상국 농촌 마을의 주요 생계 수단은 여전히 농업과
축산이었다. 이러한 생명산업에는 물이 필수적인 투입 요소이다. 따
라서 농촌개발사업에서 적정한 수자원개발과 효율적인 수자원 이용
수단과 방법은 언제나 중요한 사업활동 중 하나였다.

농촌개발에 있어 물의 효과적인 사용과 보전은 매우 중요하다. 사업활동 착수 전에 지역 물 수요, 주요 작물 물소비량, 마을 주민 수 등 다양한 자료를 사전에 파악해야 물 저장소(저수지 혹은 연못 등), 수로 건설(개수로, 관수로 등) 등의 공학적 시설물 공사를 계획할 수 있다. 사업을 통해 개발될 수자원 사용 우선순위까지도 고려해서 새로운 자원으로 인한 갈등이 발생하지 않도록 신중하게 접근해야 한다. 이 과정에서 마을 주민들이 조상 대대로 권리를 행사해온 수리권도 존중해야 한다.

　수자원개발과 활용 방법 설계는 현장 여건에 따라 다양하며, 친환경적이면서도 공학적이어야 한다. 그래서 이 사업 부문의 활동들은 전문 엔지니어링 업체나 전문성 있는 농업토목 혹은 수자원개발 전문가의 참여가 필수적이다. 예산의 한계 등으로 한국 전문가를 참여시키기 어려운 경우에는 현지 전문업체나 전문가를 채용하는 것도 대안이 될 수 있다. 그리고 현장 여건이나 시설 규모에 따라서는 경제성과 현실적인 측면을 고려하여 대안적 적정기술을 활용하기도 한다.

　탄자니아 사업수행 당시, 수혜지역에는 우기 때나 되어야 상수도 꼭지에서 며칠 정도 물을 구경할 수 있는 정도로 물이 부족해서 주민들은 물 때문에 늘 고통받고 있었다.
　주로 많은 양의 물이 필요하지 않고 생명력이 끈질긴 얌, 옥수수, 카사바를 재배하고 있었는데, 그마저도 일부러 물을 대기는 어려워 하늘에 의존하고 있었다. 그 때문에 각종 기우제가 성행하고 있었다. 이러한 어려움 때문인지, 사업수혜지역 주민들은 물을 해결한다는 우리 사업에 상당한 기대를 걸고 있는 눈치였다.

수원지[40] 인근 마을 주민들의 반대도 심했지만, 관수로[41]를 지하에 묻고 연결해서 사업지까지 끌고 오는 길목에 있는 토지소유주의 반대에 부딪혀 공정[42]이 진척될 기미가 보이지 않았다.

이러한 상황이 계속되면, 사업 전체일정에 부정적인 영향을 크게 미칠 것이 뻔하고 사업이 지연될 상황에 놓여 대안이 필요했다. 발주자에게 사업 마을 안에서 지하수를 개발해서 물에 대한 수요를 충족시키는 것으로 활동 변경 계획 승인을 요청했다.

대부분 아프리카 지역은 강렬한 햇빛으로 인해 토지 수분 증발량이 상당해서 우기에 내린 빗물은 바짝 마른 땅속에 그대로 스며들어 지하에 수맥이 아예 형성되지 못하는 경우가 많다. 이러한 연유로 사업 대상지에서도 지하수가 있을 만한 곳을 찾기가 어려웠다. 우여곡절 끝에 잠재성 있는 지역 몇 곳에서 개발을 시도하여 지하수를 찾아냈다.

하지만 기쁨도 잠시, 주정부 수질 검사소에서 지하수 수질을 검사한 결과, 염분 함유량이 많아서 식수로는 적합하지 않다고 알려왔다. 물이 귀한 곳이라 생활용수로나마 사용할 수 있도록 해야 했고, 사업으로 신축한 학교 학생들과 주민들의 공공 생활용수 용도로 개발했다. 대신 새로 들어선 농축산 시설물과 학교 등에는 건물마다 우기에 빗물을 채집할 수 있는 물 저장탱크를 별도로 설치했다.

---

40) 수원지(Water Source); 물이 시작하는 곳, 이 지역의 수원지는 사업 마을에서 10여 km 떨어진 산 꼭대기에 위치하고 있었다.

41) 관수로(Piped Channel): 관속으로 물이 흐르게 하는 것으로 대개 지하에 매설하게 된다.

42) 공정(Process); 주요 공종(공사 종류)들의 시간에 따른 작업 완성 정도

수도꼭지에서 물을 기다리는 아이들 - 탄자니아 ODA사업

이 수도는 우기Rainy Season에만 겨우 가동되었다.

10. 소통이란 파워

프로젝트 내에서의 소통이란 무엇일까? 프로젝트 테두리 내의 모든 사업참여자Project Stakeholder 사이의 공감이라고 생각해보았다. 소통의 수단으로는 주요 예산, 결정사항, 규정, 규칙 등에 관한 공적 문서의 교환을 비롯하여 이메일 등 SNS의 활용, 전화, 대화 등이 있을 수 있다.

먼저 사업발주자와 PMC 본사 간의 국내에서의 업무 관계이다.
우선 사업계약이 완료된 이후 전문가가 현지에 파견되기 시작하면서 국내 PMC 본사에서는 주 계약자로서의 사업관리를 하게 된다. 전문가 파견, 직접 사업비 수령과 현지 송금, 사업비 정산 결과와 정

기 보고서의 제출 등 사업발주자와의 계약관계에서 수행하기로 한 기본적인 사업관리 업무를 주로 하게 된다.

이런 기본적인 업무 이외에 사업 현장에서 특별한 사업계획의 변경이나 이슈 등이 발생했을 때는, 사업 현장에 파견된 전문가를 대신하여, 사업발주자에게 보고할 리포트형식의 문서를 만들고, 활동 변경이나 이슈를 해결하기 위한 대안적 계획이나 승인사항을 발주자에 정식으로 요청하게 된다.

중대 사안이 발생하면 통상적으로 사업발주자와 PMC 본사는 현장을 방문하여 실태를 파악하고, 사업 현장에서 이를 위한 조치나 대안적 계획을 파악하여 결정하는 경우도 있다.

이처럼 국내 이해관계자 간의 소통도 중요하지만, 국제개발협력 프로젝트에는 문화와 행동 습관이 다른 사람들이 참여하는 경우가 많아 자칫 참여자 간에 오해가 생길 여지가 있으므로 소통의 역할은 더욱 중요하다.

PMC 사업단과 현지 사업협력 파트너와의 관계다.

현지 사업협력파트너로 정해진 기관 내에 사무소를 구축하면서 사업활동의 공적 관계가 구축된다. 사무소 구축 및 향후 사업활동에 대한 계획과 협의가 우선되어야 한다. 효과적인 사업실행을 위한 실행체계 구축, 명확한 수혜지역과 수혜자 파악, 현장의 액션플랜 점검과 향후 구체적 사업활동과 일정 등등에 대한 구체적인 협의와 소통이 필요하다.

이런 협의를 통해 구체적인 사업활동이 합의되고 사업발주자로부터 공식적으로 승인되면, 완성한 최적화된 액션플랜을 워크숍 등을 통하여 발표하게 된다.

워크숍에는 사업수혜자 대표들의 참여가 필요하다. 현장 여건과 구체적인 주민수요를 반영하여 만들어진 액션플랜을 발표하면서, 사업 동안 본인들이 살고있는 마을에서 일어나게 될 개발계획과 많은 변화 등을 파악하고 주민들에게 알리거나 추가 의견을 발표할 수도 있다.

이런 일련의 과정은 다양한 사업참여자들 사이에서의 업무협조와 이해를 바탕으로 하므로 소통의 중요성은 아무리 강조해도 지나치지 않는다.

한편, 승인이 필요한 소통은 공식적 문서로 작성되어 사업발주자, 현지 사업협력 정부, PMC 간의 제출, 검토, 승인 과정을 거치게 된다.

현지 경험이 풍부한 협력 기관, 대학교, 연구소 등의 전문가, 교수 등과의 사례협력과 세미나, 발표회 등에 참석하는 것도 의외로 효과적인 사업활동이나 사업성과 도출을 위한 현지의 유사사례 파악에 도움이 된다.

베트남 농업농촌개발부 산하 연구소(NIAPP)를 주축으로 한 전문 컨설턴트들과의 토론 및 협의 과정을 거친 후, 현지 정부의 사업실행 파트너와의 합의를 통해 해당 국가의 농촌개발 정책을 존중하면서도 주민 참여적 사업실행체계를 구축할 수 있었다.

따라서, 사업참여자가 함께 참여할 수 있는 소통 네트워크Communication Network를 잘 구축해야 한다. 사업 시작부터 마지막 귀국하는 날까지 막힘없이 소통되어야 사업이 무난히 종료될 수 있다고 본다.

과테말라 산타에울랄리아 마을 주민들

주민회의 때 적극적 의사표시를 하며 소통하고 있다.

11. 아슬아슬한 위험관리

아무리 강조해도 지나치지 않은 게 위험관리라는 것을 누구나 공감하리라고 믿는다. 요즈음은 다니던 직장이나 평소 하던 일을 멈추고 해외로 여행을 떠날 정도로 해외여행은 대중화되었다. 또한, 해외여행 중의 이국적인 장소나 맛집 관련한 에피소드들이 블로그나 책, 동영상으로 인터넷에 넘쳐나고 있다. 하지만, 여행 중에 아슬아슬했던 순간이나 위험천만한 순간들은 대중에게 잘 드러나지 않는다.

ODA 전문가는 해외를 돌아다니면서 업무를 수행해야 하기에, 신변의 안전관리에도 프로답게 더욱 신경을 써야 한다. 프로젝트는 한정된 기간 내 사업의 과업을 완료하고 그 결과물을 이관해야 하는 사업 발주자Client와의 엄연한 계약 기간이 있기 때문이다.

우선 전문가 활동을 위해서는 무수한 이동을 하며 기관을 방문하고, 현장을 들려야 한다. 하지만, 개발협력 대상국의 이동 수단이나 도로들이 의외로 열악하다. 특히나 농촌개발사업 현장은 대체로 지방의 농촌 지역이기에 더 심한 편이다.

일정한 규정 속도, 지역 관행적 교통법규 준수, 만일을 위한 현지 차량 보험 가입 등을 기본적인 위험관리대책으로 하지만, 막상 현실에 들어서면 이런 사회적인 약속이나 여건이 지켜지지 않을 위험성이 여기저기 내포되어 있다.

특히, 치안이 불안한 나라에서 야간에 혼자 다니는 것은 차량을 이용하더라도 불안한 감이 있다. 지방과 지방 혹은 수도로 장거리 이동을 할 때도 야간에는 근처 도시에서 숙박하고 이동은 삼가는 편이 좋다. 야간에서의 갑작스러운 위험과 사고엔 정말 대책을 마련하기도 어렵다.

풍토병이 존재하고, 동물들이 왕성하게 활동하는 아프리카 지역에서는 특히 본인의 건강에 대해 상당히 조심해야 한다. 평소에 길거리 음식은 조심했지만, 심지어 호텔에서 식사한 후에 배가 아픈 경우도 있었다. 원인은 음식을 조리할 때 사용하는 오염된 물일 때가 의외로 많았다. 사무소 내 상비약 비치는 물론 질병이 심각했을 때를 대비하여 병원이송 계획 등도 마련되어 있어야 한다.

사업활동 참여도 현장 전문가 개개인이 주거생활, 음식 등의 위험으로부터 안전한 환경에서 건강해야 사업에도 매진할 수 있다. 한편, 현지에서 고용하는 현지 전문가, 운전사 등 필요 현지 인력에 대한 안전대책과 조치도 함께 포함되어야 한다. 그래야 모두가 안전할 수 있다.

사업활동에서의 위험 요소도 살펴보자.

사업활동에 영향을 미칠만한 재난이나 사고 등 이런 일반적인 천재지변에 의한 위험도 있지만, 현지에서 업체와의 계약을 통하여 사업 결과물을 만들어내는 과정에서 발생하는 위험도 있다. 보통 일정 규모와 품질을 요구하는 마을회관, 도로와 저수지 건설 혹은 지하수개발, 상수도 설치작업 등은 현지 전문업체와의 계약을 통해 수행된다.

하지만 갓 현지에 도착한 한국 전문가가 현지건설업체의 사정이나 전문자격, 업체 신뢰성을 파악하기는 쉽지 않다. 이런 경우 상대국 업무파트너의 의견과 정보를 충분히 반영시키는 것이 좋다. 최근에는 업체선정과정을 아예 상대국 조달시스템에 일임하고 한국인 전문가는 참관인 성격으로 참여하는 예도 많아졌다. 이는 수혜국 책임하에 업체를 투명하게 선정해 달라는 의미이기도 하다.

한편, 건설공사를 진행하는 과정에서 시공업체가 제출한 수량서(BOQ)와 달라진 현장 여건으로 추가 공사가 필요하거나, 자재 가격 인상 등 다양한 변동사항으로 인해 시공사에 불리한 공사 여건이 발생하기도 한다. 또한, PMC는 물론 정부 협력 파트너, 수혜자의 이해관계 조율 과정에서 공사 지연상황이 생기는 경우에도 계약서 조항의 검토가 필요하게 된다.

시공업체 또한 공사로 인해 손해 볼 수는 없기에 갖가지 클레임Claim 서한을 사무소로 보내기도 한다. 시공업체의 클레임 서한은 모두 양자가 합의한 계약서에 근거를 바탕으로 작성하게 된다. 그러면 PMC는 적기에 답변하여 양측의 이견을 해소해야만 한다.

탄자니아 사업에서는 현지 전문시공 업체가 선정된 이후에 공사에 참여하게 되었는데, PMC에 너무 과다한 보상을 요구하는 클레임 레터를 제출하는 통에 계약서 조항에 근거하여 답변서를 작성해야 하는 어려움을 겪은 적도 있다.

해외사업 계약서는 대부분 영문으로 작성하게 된다. 신의와 성실과 같은 한국문화와 정서는 해외사업 현장에서 통하지 않았다. 그 당시 아프리카 사업을 수행할 때는 철저히 양자가 서명한 계약서에 근거하여 작은 부분이라도 서면으로 작성한 클레임 서한을 많이 활용하고 있었다. 따라서, 해외사업 현장에서 어떠한 종류의 계약서를 맺어야 할 때 서명하기에 앞서 꼼꼼히 계약서 조항을 살피는 것이 중요하다.

사업을 시작할 때는 사업의 길이 언제나 되어야 끝날까 안개와 같았지만, 바빴던 사업활동들도 하나둘 기억 속으로 사라지고 이제 마무리 작업이 필요한 시기로 접어들게 된다. 프로젝트 종료를 위한 제반 업무로 바쁘지만, 장기간 현지 생활의 신변정리도 해야 하기 때문이다. 이럴 때일수록 차분한 감을 유지하여 더욱 이성적인 업무처리가 될 수 있도록 해야 한다. 그래서 이런 정리 시기는 더욱 보수적인 안전관리가 필요하다.

12. 꽤 신경쓰이는 사업종료

사업이 종료되기 약 3~4개월 전부터, 그동안 미진했던 사업활동을 중심으로 사업예산, 행정, 현지 전문가, 개인적인 신변정리 등으로 바쁜 나날을 보내게 된다. 특히, 사업활동 결과 정리 및 활동에 따른 집행비용 영수증 등 증빙자료, 최종결과보고서 등을 하나하나 챙겨야 한다.

사업에 참여했던 현지 이해관계자들과는 아쉬운 작별에 앞서 각종 사무소 자산 이관, 공문서 교환이 필요하다. 또한, 현지 담당자와 사업종료 이후에도 정부의 지속적인 행정지원을 약속하는 문서를 작성하고 현장에 있는 시설물을 인계한다. 이러한 이관형식과 절차는 행정적으로 번거로운 면도 있으나, 현지 정부에 사업 지속성에 대한 의무를 재인식시킬 기회가 된다.

이제 PMC 사무소는 현장에서 철수하지만, 후속 조치는 공식적으로 사업협력 파트너에게 이관된다. 마무리 단계의 공식적인 절차에 각 마을 리더들도 참여하도록 해서 사업이 종료되더라도 관련 활동들을 지속적으로 운영하고 관리할 수 있도록 하는 계기도 될 것이다.

사업이 마무리 단계에 들어서면 사업성과가 계획대로 잘 나와서 기뻐하는 주민들의 모습을 볼 때도 있지만, 생각보다 저조한 결과 때문에 실망하는 주민들의 모습도 보게 된다. 이럴 때는, 어쩔 수 없다고 생각하고 아쉬움을 남긴 채 사업을 마무리하기보다는 주민들의 사업에 대한 열의가 남아있을 때 시간의 제약이 있더라도 가능한 예산 범위 내에서 할 수 있는 지원을 아끼지 않았던 쪽이 나중에 돌아보았을 때 후회가 남지 않았던 것 같다.

아래 그림 15에는 다소 고전적일 수 있으나 사업 후반기에 챙겨야 하는 주요 과업을 작성해보았다. 마지막까지 예상하지 못했던 일들이 많이 생길 수 있다. 사업 후반기는 현장 전문가들에게는 사업실행 시기보다 오히려 더 바쁜 시기이다.

〈마 을〉
• 마을의 사업결과물(project output)에 대한 유지관리 이슈
• 마을조직, 조합의 지속운영 방안

〈정 부〉
• 중요 문서 인수인계
• 사업결과와 성과에 대한 지속성확보 방안(주민, 정부, 기관 등)
• 사업차량, OA기기, 사무가구 등을 포함한 사무소 자산이관

〈행사〉
• 사업 종료평가 실시 및 사업평가 워크숍
• 사업현장에서의 마무리 행사(결과물확인, 마을조직, 조합운영, 지속성 이슈 등)

〈PMC〉
• 사업비 관리 등 계좌 정리
• 현지직원/전문가의 계약종료에 따른 업무
• 사업 최종 보고서 등

그림 15. 사업 후반기의 주요 과업

PART 03

사업현장에서 유용한
툴Tool 이해

들어가며

파트 3에서는 사업현장에서 사업을 만들 때 필요한 경험적 사업의 구조와
평가 등의 이해를 바탕으로 본격적인 ODA사업 작성에 돌입하게 된다.

전문가가 현장에 도착하면 사업신청자인 개발협력대상국 공무원들의 안내
로 사업대상지역을 조사하게 된다. 기관방문, 현장조사, 사업관련자, 예정수혜
자 들과의 대화 또는 지역방문을 통해 문제분석을 하게된다. 이 문제분석 결
과를 토대로 PDM을 만들게 된다. 완성한 PDM은 사업실행관리, 사업평가 등
지속적으로 활용해야 하는 유용한 툴Tool 중의 하나이다.

본 파트에서 설명하고 있는 내용들은 현재도 전문가들이 사업형성을 위한
타당성조사격인 예비조사 등에도 유용하게 활용하고 있음을 밝힌다.

◆ 제1장과 제2장에서는 사업실행환경을 이해하는 동시에 현장에서 작성하고
   있는 경험적 ODA 사업을 만들어 보았다.

◆ 제3장과 제4장에서는 사업관리와 평가에 활용하고 있는 PDM 시트를 세 개
   의 영역으로 나누고 비교적 상세히 설명하였다.

◆ 제5장에서는 국내 청년들이 ODA 사업에 참여할 수 있는 기회 등을 알아
   보았다.

제 1장

ODA 사업구조

1. 일반적인 사업구조

먼저, 일반적인 국제개발협력 사업의 구조Project Structure를 아래 그림을 통해 살펴보기로 하자. 모든 사업의 상위 레벨Upper Level에는 달성하고자 하는 사업 목표Project Objective가 있다. 그리고 그 사업목표를 달성하기 위한 사업활동Project Activity이 하위 레벨Low Level을 구성하고 있다.

이처럼 사업에 필요한 사업활동들을 분야Field or Speciality 혹은 기능Fuction별로 묶은 것을 사업 부문Project Component이라고 하며 중간 레벨Middle Level에 위치하게 된다.

다음 그림 16의 사업구조를 현장에 적용하여 설명하면 PMC와 같은 사업 시행자가 수행한 사업활동 결과물이 각 사업 부문의 결과물로 이어져 결국 사업 목표를 달성하도록 하는 역할을 한다고 할 수 있다.

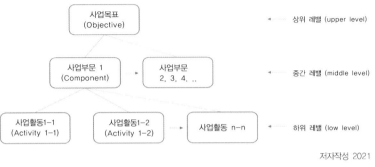

그림 16. ODA 사업구조

저자작성 2021

　　그림 16에서 설명한 프로젝트 구조를 바탕으로 그림 17을 살펴보자. 이 프로젝트는 하위 레벨의 세 가지 사업활동을 완료하게 되면 사업 부문 중 교육 분야 임무가 완성되고, 결국 상위레벨의 소수 부족민 자녀 졸업률 향상이라는 사업 목표를 달성할 수 있도록 하는 역할을 한다.

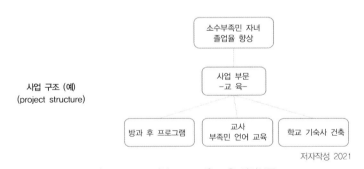

저자작성 2021

그림 17. ODA 사업구조 – 예) 교육 사업부문

　　종합형 프로젝트에서 사업 부문은 각 전문분야 내의 세부 사업활동들을 묶어내는데 유용한 방법이다. 베트남 라오까이 행복 프로그램의 경우, 보건, 교육, 지방행정 등 6개의 분야가 하나의 프로젝트 속에 포함되어있어 각 분야를 하나의 사업 부문으로 구성했다. 즉 6개의 사업 부문으로 구성된 프로젝트이다. 이렇게 다수의 프로젝트를 포함하는 구조를 프로그램이라고 한다.

2. 논리적인 사업구조

논리적인 사업구조에 대해 알아보자.

대부분 프로젝트는 발주자에게 제출한 제안서를 토대로 작성된 업무수행 계획서 내의 실행접근 방법으로 사업목표를 향하여 단순히 사업활동에만 집중하기가 쉽다. 하지만 사업 중간중간 활동이 사업목표를 향해 바로 가고 있는지에 대한 점검이 필요하다. 이때 필요한 것이 사업의 논리적인 구조이다.

논리적인 구조란 사업활동에 필요한 인적 및 물적 자원이 투입되면 계획한 사업 산출물이 완성되고, 완성된 한 개 혹은 다수의 산출물이 사업의 성과를 만든다고 가정한 사업 과정이 논리적으로 형성된 것을 의미한다.

또한, 사업 수행자는 사업발주자와 합의한 사업활동 실행에 못지않게 과정과 결과에 대한 평가도 늘 염두에 두고 사업을 수행해야 한다. 이러한 측면에서 사업의 논리적인 구조가 필요하다. 사업의 논리적인 구조는 추후 PDM 작성을 위한 사업 논리모형의 뼈대가 된다.

논리적인 사업구조는 사업 형성Project Formulation 단계에서 작성한다. 하지만 사업으로 인한 영향력은 사업이 종료된 후 3년 정도 지나야 알 수 있는 먼 장래의 일이므로, 사업기획 단계에서 완벽하게 작성하기란 어려운 일이다. 하지만 이러한 위험성을 최소화하며 사업목표를 달성하기 위해서는 논리적인 검토를 통한 사업 접근 방향을 설정과 사업활동을 기획이 필요하다.

사업 목표를 달성하기 위한 사업활동이 단계적으로 적절한 결과가 도출될 것인가에 대해 사전 점검을 하게 되는 것이다. 이는 곧 사업 모니터링과 평가에도 연결된다.

아래 그림 18은 사업 시행자가 현장에서 사업활동을 완료하여 산출물Output을 도출하면, 사업성과Outcome로 이어져 사업 목표가 완성된다는 가정Assumption이 담긴 사업구조이다. 모든 사업은 이러한 가정을 염두에 두고 논리적으로 형성되어야 한다.

그림에는 나타나지 않았지만, 사업을 실행하는 과정에는 다양한 외부적인 환경의 영향을 받게 된다. 사업실행 여건이나 외부 조건External Condition은 사업활동의 변경을 초래할 수 있고, 사업활동이 변경되면 사업 구조도 바뀌게 된다.

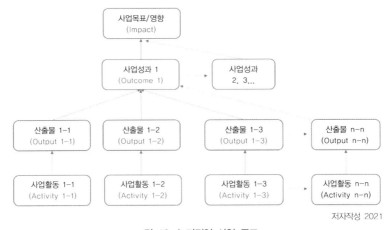

저자작성 2021

그림 18. 논리적인 사업 구조

3. 사업변화에 따른 평가 종류

아래 그림 19의 좌측에서는 시간에 따른 사업의 변화를 보여 준다. 사업활동이 완성되면 사업산출물이 생성되고, 이로 인한 사업성과가 나타나기 시작하며 결국 사업대상지역에서 사업이 추구하는 목표를 달성하고, 수혜자에게 특정한 영향을 준다는 것을 보여 주고 있다.

국제개발협력 사업평가의 종류와 시기는 기관마다 조금씩 다르지만, 일반적으로 사업 착수 전이나 초기에 행하는 사전평가Ex-ante Evaluation 와 사업종료 시점에 시행하는 종료평가End of Project Evaluation, 그리고 사업종료 이후에 실시하는 사후평가Ex-post Evaluation가 있다.

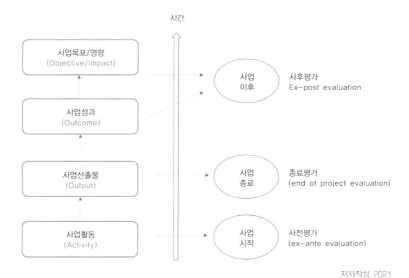

저자작성 2021

그림 19. 시간에 따른 사업변화와 평가종류

평가는 주로 OECD DAC의 평가 기준[43]에 의해 실시되며, 단순 사업산출물은 적절성, 효율성, 효과성, 지속가능성 측면에서 사업종료 시점에 종료평가를 통해 측정되지만, 사업으로 인한 영향력과 같은 성과는 시간을 두고 지켜보아야 하므로 사업종료 1~3년 이내 사후 평가를 통해 평가한다.

4. ODA사업 실행환경과 PDM

일반적으로 사업 협력국의 사업요청서를 받은 후에 검토를 거쳐 사업이 형성되기 시작하여 현장 조사, 사업승인, 사업실행에 이어 사업종료 이후 평가까지 단계별 참여자와 역할을 아래 그림으로 정리했다. 한편 이 책에서 소개하고 있는 PDM은 아래 그림에서 ODA 사업 형성기Formulation Stage에 해당하는 수준임을 밝혀둔다.

구 분	ODA 사업형성(formulation)		ODA 사업 실행(implementation) (일반적인 사업기간 2~5년)-농촌개발분야			ODA 사업평가
	통상 1년~2년 소요		초 반	중 반	후 반	
사업 수혜국 정부(Beneficiary Country)	개발협력대상국내 한국대사관, KOICA 등에 PCP 제출		사업수행 협력참여			
사업 발주기관 (Project Client)	PCP승인 및 사업 타당성조사 및 사업승인	사업실행발주 및 수행업체	PDM에 의한 사업 관리			
	PDM 작성					
사업수행 기관 (Implementing Agency)	책 완성도에 해당	수행계약	전문가파견 실행체계구축 현장액션플랜 작성(필요시) PDM갱신	PDM기반 사업활동 실행 및 사업관리	PDM기반 사업활동종료 및 제반 행정조치 (시설물 및 서류이관 등)	
사업평가자 (Evaluating Agency)		수행계약	기초선조사	중간선조사	종료평가	사후평가 등

그림 20. ODA사업의 참여기관별 역할

---

43) 평가 DAC 5대 기준; 적절성(relevance), 효율성(efficiency), 효과성(effectiveness), 영향력(impact) 지속가능성(sustainablity).을 말한다. 평가자는 PDM을 활용하여 현장조사, 설문조사, 분석, 문헌 등을 활용하여 사업을 객관적으로 평가하게 된다.

제 2장
ODA사업 만들기

1. ODA사업 형성과정

다음 그림 21은 국제개발협력 사업을 형성할 때 거쳐야 하는 작업 과정을 설명하고 있다. 국제개발협력 사업이 현장의 당면한 문제를 해결하기 위한 일시적이며 특별한 임무를 띄고 있다는 점에 유의하여 생각해보자.

먼저, 가용 자원Applicable Resource 파악을 포함한 현장 조사를 시작으로 대상지역 이해관계자와 당면한 문제를 파악하기 위한 협의를 거쳐야 한다. 현장 조사 결과를 바탕으로 문제트리Problem Tree를 작성하면서 문제의 근원적인 원인과 결과를 구별하고 사업활동을 중심으로 한 사업내용을 완성한다.

이는 국제개발협력 사업의 논리 구조인 '사업활동-사업성과-사업목표'를 완성하는 바탕이 된다. 완성된 논리적 사업 흐름에 대한 내용은 PDM 양식 내에 삽입된다.

그림 21. ODA사업 형성과정

2. 문제트리(Problem Tree) 그리기

문제트리는 프로젝트를 형성하는 과정에서 대상지역의 문제를 분석하는 기법의 하나다. 아래 그림 22는 지역의 핵심 문제Core Problem 를 중심으로 문제의 원인Cause 영역과 결과Result 영역으로 구분되고 있음을 보여 준다.

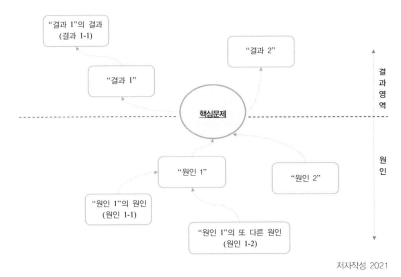

저자작성 2021

그림 22. 문제트리 이해도

원인 1-1과 1-2가 일으킨 원인 1은 다른 원인 2와 함께 핵심 문제를 일으킨다. 이러한 핵심 문제로 인해 결과 1과 결과 2라는 또 다른 결과적인 문제를 일으키게 된다. 이처럼 문제트리는 각종 문제의 원인과 결과의 연결고리를 보여주는 데 활용된다.

1) 문제트리의 원인(Cause) 영역

핵심 문제의 원인 영역Cause Area을 농촌개발분야에 대입하여 살펴보자. 농촌개발사업은 대개 열악한 특정 지역을 대상으로 실행된다. 그래서 농촌 마을의 빈곤이 핵심 문제인 경우가 많다. 따라서 주민들이 지금보다 더 나은 삶을 살 수 있는 환경을 구축하자는 것이 대부분의 사업목표이다. 이제 어떤 마을을 빈곤에 이르게 한 다양한 원인을 살펴보며 문제 트리를 작성해 보자.

사업이 실행될 마을을 대상으로 사전 현장 조사를 실시한 후 작성한 문제트리의 원인 영역은 다음 그림 23과 같다. 가장 하부의 원인으로 인해 발생한 각 원인 (1),(2),(3)이 핵심 문제를 일으켰다는 것을 설명하고 있다.

우선, 마을이 외딴곳에 있어 도로가 건설되지 못했다. 이로 인해 시장 접근성이 낮아 농산물을 재배해도 주민들이 직접 판매를 하러 이동하기에 어려움이 있어 보통 유통 전문업자가 마을로 찾아와서 농산물을 헐값에 판매하고 있었다.

또한, 수자원이 부족하고 농축산 활동을 위한 시설물이 열악할 뿐 아니라, 가구당 작물 재배가 가능한 토지가 협소했다. 게다가 주민들은 생계에 급급해 작물 재배에 필요한 종자, 비료, 제초제 등 필수 투입재에 투자하기 부족한 사정이었다. 이러한 이유로 농축산물의 생산량 자체도 적지만, 생산된 농축산물의 품질도 현저히 낮았다.

그리고 오랜 시간 동안 경험에 의존한 농사를 짓고 있어 농축산 기술 수준이 매우 낮아 주민들의 전반적인 역량이 매우 부족한 상황이었다.

이러한 복합적인 요소들이 모여 마을의 빈곤이라는 핵심 문제를 발생시킨 것이다. 다양한 원인 중에서는 사업을 통해 즉각적으로 해소할 수 있는 것도 있지만, 농지 협소와 같은 문제는 일회성 프로젝트로 해결하기 어려울 수 있다. 이런 것은 고부가가치 농축산품종 재배 유도와 같은 우회적인 대안을 통해 사업 목표를 달성하도록 할 수 있다.

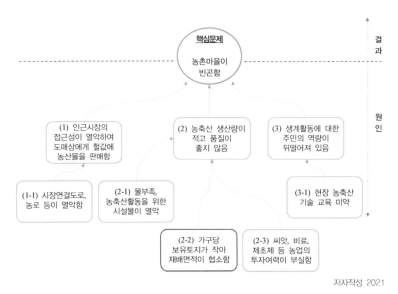

저자작성 2021

그림 23. 문제트리 원인영역

2) 문제트리의 결과(Effect) 영역 - 농촌개발현장 사례

다음으로 문제트리의 반대 영역인 결과 영역을 살펴보자. 농촌 마을이 빈곤하다.'는 핵심 문제로 인해 아동들의 취학률 저하, 병원 접근성 취약, 농작물 재배에 필요한 투자가 어려움 등 다양한 결과가 나타난다.

아래 그림 24에서 결과를 보라색 박스(▭)와 초록색 박스(▭)로 구분했는데, 초록 박스는 문제트리 원인 영역과 유사하다는 것을 알 수 있을 것이다. 문제의 원인이 다시 문제의 결과가 되고, 이 과정이 반복되는 악순환 고리Vicious Circle를 파악할 수 있다. 우리는 사업을 통해 이 악순환의 고리를 끊기 위해 노력해야 한다.

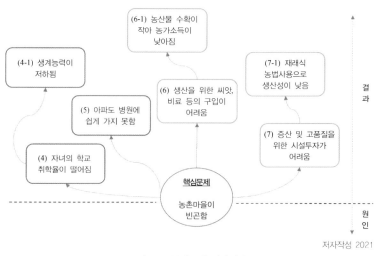

저자작성 2021

그림 24. 문제트리 결과영역

3) 완성한 문제트리 - 농촌개발 사례

이제 다음 그림 25와 같이 두 영역이 통합된 하나의 문제 트리를 살펴보자. 이 문제트리는 향후 구체적인 사업활동을 결정하고 논리모형Logical Framework을 작성하는데 기본 자료로 활용될 것이다.

현장 조사 및 현지 관계자와의 협의를 토대로 문제트리를 만들었지만, 도식 내 핵심 문제의 원인과 결과를 모두 표현하는 것은 어렵다. '농촌 마을은 빈곤하다.'라는 핵심 문제에 단순히 생산자원, 생산기술, 역량 부족 외에 지역 관습, 무속신앙 등 해당 지역의 문화적 요소와 태풍, 홍수, 지대 등 자연적인 요소, 협력국의 정책, 지역 거버넌스Local Governance 등도 영향을 미치기 때문이다.

문제트리는 주로 사업 형성과정에서 작성된다. 형성단계에서 문제의 모든 원인과 결과를 파악할 수 있다면 좋겠지만, 현실적으로 어렵다. 그렇기 때문에 사업을 수행하는 단계에서 뒤늦게 파악하는 핵심 문제의 원인과 결과는 반영되지 못한다는 한계가 있다.

하지만 일회성이라는 특징이 있는 프로젝트를 통해 해당 지역이 당면한 모든 문제를 해결할 수는 없기에 우리는 모든 문제를 해결한다는 마음가짐을 지양하고 초기에 설정한 사업 목표를 달성하여 핵심 문제를 어느 정도 개선한다는 겸손한 태도로 사업을 수행해야 한다.

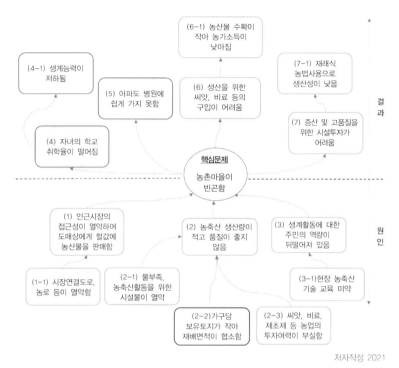

그림 25. 완성한 문제트리

3. 논리체계적 ODA사업의 완성

문제트리를 통해 파악한 핵심 문제에 대한 다양한 원인을 해결하기 위해 사업활동을 계획하고 사업목표를 설정하게 된다.

예를 들어, 앞장에서 살펴본 농촌 지역의 빈곤이라는 핵심 문제는 마을 주민의 생계Livelihood 활동을 통해 해결할 수 있다고 가정할 수 있을 것이다. 생계 활동을 지원할 방법에는 여러 가지가 있지만, 문제트리에서 살펴본 원인을 바탕으로 농축산 인프라 시설 구축, 사업

참여자의 역량 강화 등을 사업활동으로 계획할 수 있다. 하지만 경험적인 접근만으로 사업을 계획하는 것은 모험에 가까우므로 우리는 논리적인 접근을 통해 사업을 계획해야 한다. 그 과정에서 사용할 수 있는 것이 사업 논리 모형Project Logical Framework44)이다.

앞서 작성한 문제트리 결과를 통해 핵심 문제의 원인 고리Cause Chains45)를 유형별Sector로 묶어 다음 그림 26과 같이 사업의 논리 모형을 만들어 보았다. 이를 바탕으로 사업 논리 모형의 속성을 이해해 보자.

사업 논리 모형은 사업활동부터 사업목표에 이르는 사업실행 전 과정을 수직적 논리Vertical Logic로 표현한 논리 구조Logical Structure를 말한다. 여기서 주의해야 할 것은 수직적으로 표현되어 있어 사업목표로부터 사업활동이 도출된다고 생각하기 쉽지만, 논리체계를 구성할 때는 하위층에 있는 사업활동을 통해 산출물을 도출하여 사업목표에 이르도록 작성해야 한다는 점이다.

즉, 하위층Lower Layer의 활동이 계획대로 완성된다면, 차 상위층Upper Layer의 결과가 성공적일 것이라는 논리적인 관계Logical Relation를 의미한다.

---

44) 사업논리체계(project logical framework, logframe)이란 "사업활동으로 사업산출물이 완성되고 그 산출물이 다시 사업의 성과와 목표에 영향을 미친다" 라는 사업 변화과정을 나타낸 논리적인 가정의 체계이다.

45) 원인고리(Cause Chains); 1 - 1.1 - 1.1.1 등과 같이 하위 개체가 상위 개체의 원인이 되는 사슬(chain) 구조

사업 목표(impact)
농촌마을 주민빈곤 경감에 기여

⬆

사업 성과(outcome)
증가된 농촌마을 가구 소득

⬆

사업 산출물(output)		
1.1 건설된 농촌도로 1.2 건설된 수자원시설 1.3 설치된 농축산시설물 1.4 개선된 생활시설	2.1 향상된 농산물 생산 2.2 향상된 축산물 생산 2.3 강화된 유통판매 활동	3.1 농축산 조합 결성 및 운영 3.2 농축산 기술훈련 3.3 소액금융 운영

⬆

사업활동(activity)		
사업 부문 I (component I) 생계 인프라 구축	1.1 1.2 1.3 1.4	생계활동을 위한 마을도로 건설(마을안길, 경작로, 시장 접근로 등) 식수 및 생계활동을 위한 수자원개발 농축산업 생산을 위한 시설물 설치(축사, 경지정리, 영농창고 등) 생활시설 개선(주택개량, 부엌, 화장실 등)
사업 부문 II (component II) 농축산물 생산활동	2.1.1 2.1.2 2.2.1 2.2.2 2.3.1 2.3.2	농산물 생산성 향상(쌀, 보리, 옥수수, 카사바 등) 소득증대용 야채류 재배(토마토, 감자 등) 축산사육 확대(소, 돼지, 닭 등) 축산사료를 위한 초지 조성 생산물 판매홍보 및 브랜드 개발 직판장 개설을 통한 유통판매 활동
사업 부문 III (component III) 주민생계 역량강화	3.1 3.2.1 3.3.1 3.3.2 3.3.3	농축산 조합결성 및 운영을 위한 교육 농축산 기술훈련(품종선정, 비료, 제초, 수확후 처리 등) 소액금융 규약(대여조건, 대여규모, 상환방식 등) 수혜자 선정(주민회의 결과 반영, 취약계층 우선 등) 소액금융 담당자 교육

저자작성 2021

그림 26. 논리체계적 농촌개발 ODA사업(예)

제3장
PDM 만들기

1. PDM이란

국제사회는 2000년에 새천년개발목표(MDG, Millennium Development Goals)를 설정한 이후에야 국제개발협력 분야 사업의 성과에 관해 관심을 두기 시작했다. 세계은행(2013)은 '개발협력사업의 긍정적인 결과 도출을 위해서 보다 체계적인 성과관리가 필요하다.'라고 주장하기도 했다.

이는 당연한 이야기이다. 우리가 주로 다루고 있는 대외무상원조 사업에는 공적자금이 투입되고 있는 만큼, 재원을 부담하는 국민과 사업성과에 대한 평가 결과를 공유해서 누구나 공감할 수 있는 방식으로 사업을 수행해야 한다. 이러한 과정을 통해 향후 사업을 효과적인 방향으로 만들 수 있을 것이다.

PDM Project Design Matrix는 이러한 맥락에서 그 중요성이 더욱 두드러진다. 사업이 변화하는 과정이 단계별로 논리적인 구조로 작성되어 있어 사업평가를 하게 되면 가장 먼저 보게 되는 문서이기 때문이다.

PDM은 사업의 실행자와 평가자의 합의에 따라 만들어졌다. PMC 등의 사업실행자가 수행하는 모든 활동, 산출물, 성과, 영향 등을 사업 과정별로 평가받게 될 때 사용될 평가 방법과 지표Indicator 등 참여자 간의 사전약속을 설명하고 있는 시트가 PDM이다.

하지만 PDM은 객관적인 검증지표Objectively Verifiable Indicators를 활용하여 감정적인 개입이 없는 정확한 측정 잣대를 사용하고 있으며, 사업 과정 중에 나타날 수 있는 위험과 중요가정Important Assumption까지 삽입되어 사업내용을 한눈에 파악하여 관리할 수 있도록 하고 있다.

사업 착수부터 종료까지 사업을 수행하면서 변화한 PDM과 최종 사업 결과물을 비교하면서 사업을 평가한다. 따라서 PDM은 사업관리자에게 아주 중요한 모니터링 및 평가 도구Tool라고 할 수 있다.

아래 그림 27은 사업 담당자가 작성해야 하는 PDM 양식이다.

Narrative Summary (요약)	Objectively Verifiable Indicators (객관적 검증지표)	Means of Verification (검증수단)	Assumptions/Risk (중요가정/위험)
Impacts (영향)			
Outcomes (성과)	B		C
Outputs (산출물)			
Activities (활동) A	Inputs (투입물)		Pre-conditions (선행조건)

필요 분석 및 작업

A 영역   문제트리 (Problem Tree) 분석, 논리형(Logical framework) ODA사업

B 영역   현장조사, 이해관계자 분석(FGD), 데이터 수집

C 영역   현장조사, 이해관계자 분석(FGD), 데이터 수집

그림 27. PDM 양식

다음 장에서는 앞서 설명했던 문제트리와 논리적 구조를 분석 도구로 활용하여 PDM을 작성해보기로 한다.

2. PDM - '영역 A : ODA 사업내용'

그림 28의 PDM 양식은 크게 세 개의 영역(A, B, C)으로 나누어져 있다. 먼저 영역A를 살펴보기로 하자. 이 영역은 사업의 논리적 구조를 나타내고 있다. 실제 사업실행을 통해 현장의 변화를 도출할 수 있는 '사업활동-산출물-성과-영향'을 사업의 시간 흐름에 따라 단계적으로 보여주고 있다. 우리는 문제트리 작성기법을 활용하여 영역 A를 이미 완성한 바 있다.

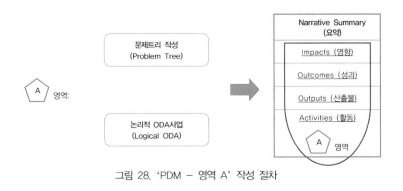

그림 28. 'PDM - 영역 A' 작성 절차

3. PDM - '영역 B : 평가지표와 수단'

다음으로 영역 B에 속한 사업의 객관적 검증지표와 검증 수단을 작성해 보자. 이 내용을 작성하기 위해서는 실제 사업 현장 조사를 통해 FGD Focus Group Discussion, 자료수집 결과 등을 활용하게 된다.

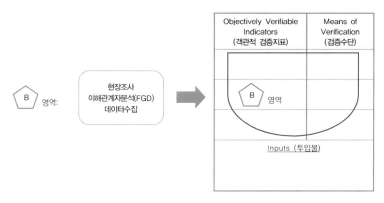

그림 29. 'PDM – 영역 B'의 작성 절차

1) 검증지표 작성

영역 B의 "객관적 검증지표"에 대해서 살펴보자.

용어가 생소할 수 있지만, 지표라는 단어에 집중하기를 바란다. 지표는 사업활동의 결과를 측정하는데 필요한 잣대이다. 사업활동 산출물을 도출하는 데에는 많은 우여곡절이 있겠지만 지표는 최대한 단순하게 설정해야 한다. 그래야 누가 보아도 측정 결과가 객관적으로 검증되었다는 것을 알 수 있기 때문이다.

검증지표를 보다 현장감 있게 설명하기 위해 추후 함께 살펴볼 '표 11. PDM'에서 사업산출물 단계 2개, 성과단계 1개, 총 3개의 지표(표 11의 파란색 글씨)를 임의로 추출했다. 이 3개의 지표를 예로 들어 아래와 같이 평가기법과 연관한 지표설정 배경 그리고 지표측정 요령을 설명하였다.

표 8. 사업 단계별 검증지표 설정 예

논리 체계		설정한 검증지표	지표측정기준
A. 사업 성과단계	1. 농가 소득 증대	15% 증가	기초선조사 대비
B. 사업 산출물단계	2.1 향상된 농산물 생산증가	30% 증가	기초선조사 대비
	3.2 농축산 기술훈련 공무원수	30명	기초선조사 대비[46]

설명 Box 8. 표 8의 검증지표 측정 요령

A. 사업성과 단계
성과지표 '농가소득 증대율(15%)' 측정요령
이 지표의 값을 구하기 위해서는 사업수혜 가구가 소득 증대형 사업활동에 참여하여 발생한 소득의 증가 정도를 계산해야 한다. 이런 유형의 지표는 조사에 앞서 농가소득 측정기준을 설정하는 등 더 세밀한 주의가 필요하다.

B. 사업산출물 단계
지표 '2.1 향상된 농산물 생산증가" 측정요령.
이 지표는 사업활동 전후의 사업수혜자(농민)가 생산한 농산물생산량 변화를 측정하는 것으로 설정하였다. 따라서 이 지표측정을 위해서는 사업활동 전에 수집한 마을의 가구별 주요 농산물생산량 데이터가 필요하다.

지표 '3.2. 농축산 기술훈련 공무원 수' 측정요령
이 지표는 현장 공무원을 대상으로 하는 농축산 기술훈련 TOT[47] 교육이수자를 말한다. 기술훈련 완성 여부로 명확하게 비교적 간단하게 측정될 수 있는 지표이다.

▪ 지표 2.1과 지표 3.2의 관계성
산출물단계의 "지표 2.1"과 "지표 3.2"는 상호 연결성이 있다고 볼 수 있다.
TOT 교육을 통해 훈련받은 현장 공무원이 농민을 대상으로 농축산 기술을 전수하면 농가의 농산물생산량이 증가할 것이라는 논리적 연관성이 있다.

2개의 지표는 단순 수치 측정 결과 외에도, 사업활동과 관계가 있는 지표 3.2 기술훈련수료자와 2.1 사업참여 농민과의 집단토론 결과가 사업활동의 효율성, 효과성에 대한 평가 기초 자료가 될 수 있다.

---

46) 기초선조사: 사업활동실행에 앞서 사업수혜지역의 수혜자 실태, 자원현황 등을 전반적으로 조사하여 PDM에서 측정하고자 하는 잣대(Indicator)의 초기 값을 구하는 과정이다.

47) TOT (Training of Trainers) 교관훈련

앞에서 설명한 검증지표 3개의 지표설정 배경과 지표별 목표, 측정대상자인 사업수혜자, 측정 장소, 측정 시기를 아래 표 9와 같이 정리하였다.

표 9. 지표설정 세부 내역[48]

PDM상 지표	2.1 농산물 생산증가율(30%)	3.2 기술훈련 수료자 수	1. 농가 소득 증대율(15%)
사업변화 단계	산출물	산출물	성과
수혜자	사업마을주민	기능공무원	사업마을주민
목표 수량	생산량 증가율(30%)	30명 기능공무원	소득 증가율(15%)
지표 배경	사업 전 농산물 생산량 대비	능력배양 (대 농민지도 농축산재배 기술)	사업 전 농가소득 대비
측정 시기	Sept. 2017	Sept. 2016	Sept. 2018
위치	사업 마을	지방정부 수도	사업 마을

2) 검증수단 개요

이제 설정된 지표에 대한 검증 수단을 살펴보자. 지표달성 여부에 대한 검증은 사업의 흐름에 따라 기초선조사, 종료선 조사, 사후 평가 등의 수단을 통해 이루어진다. 산출물단계에 있는 지표의 검증은 대개 사업종료 무렵에 가능하며, 성과단계에 있는 지표는 대개 사업종료 후 1~3년 내 검증하게 된다.

표 10. 사업 시기별 검증 수단

사업 시기	검증 수단	검증가능 단계
사업 초기	기초선 조사(Baseline Survey)	
사업 중간	중간선 조사(Midline Survey)	산출물(Output)
사업 종료	종료선 조사(Endline Survey)	산출물(Output) 성과물(Outcome) 일부
사업 이후	사후평가조사(Post-evaluation Survey)	성과물(Outcome) 영향(Impact)

48) Guidance for countermeasure planning with logical framework approach, July 1, 2008, JICA, page 37, verifiable indicator (table 4-1) 형식 일부를 활용함.

3) 'Input 투입물'의 작성

투입물란에는 대표적인 사업 투입 요소들을 작성하는데, 주로 사업 예산, 사업 기간, 전문가 파견 계획(Man-Month) 등이 간략하게 명시된다. 또한 일반적으로 협력 대상국Recipient Country이 분담하는 사무소 제공, 현지 행정지원 등의 내용을 작성한다.

〈 예 〉 'Input 투입물' 작성 예

◆ 사업공여기관
  (사업예산)　000만불
  (사업기간)　2021-2024
  (전문가파견)　총200인월(Man-Month) 등

◆ 수원기관
  (분담재원)　MAF 00만불
  (지원내용)　ODA사무소, 농산물유통센터 (수도 및 지방소재) 등

4. PDM – '영역 C : 중요가정과 위험'

이제 영역C에 속한 사업의 중요가정과 위험 그리고 선행조건을 작성해 보자. 이 칼럼Column을 작성하는 것은 사업실행에 크고 작은 부정적인 영향을 미칠 수 있는 사업내외부의 환경조건을 예측하고 대비하기 위함이다. 작성을 위해서는 협력대상국의 사업 담당자 의견을 포함하여 현장의 여건 조사, 주민들과의 집단토론 및 관련 자료수집이 필요하다.

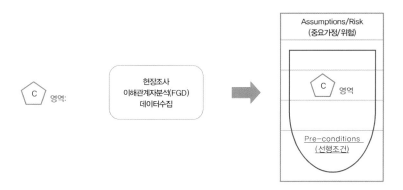

그림 30. PDM – '영역 C'의 작성 절차

이제 '중요가정/위험' 부분을 생각해보자.

중요가정으로는 '사업참여자의 의지와 협조적인 태도'를 설정할 수 있다. 참여자들이 이미 합의한 사업을 실행하는 데 어떤 의지와 태도가 중요가정이라는 것이 의아한 점이 있을 것이다. 하지만 다양한 상황에 의해 참여자들이 사업에 대한 의지를 잃거나, 적극성에 변화가 생길 수 있다. 이러한 상황으로 인해 참여자의 의지나 태도가 약해지는 경우 계획한 사업성과를 달성하는 데에도 영향을 미칠 수밖에 없다. 이러한 맥락에서 사업실행에 중요한 가정으로 생각해볼 수 있다.

예측할 수 없는 자연재해 등이 사업 수행에 위험 요소가 될 수 있다. 실제로 현장에서는 크고 작은 자연재해가 일어난다. 특히 작물 재배 활동의 경우, 재배 기술, 병충해 완화, 수확후 기술 등 다양한 지원을 통해 생산성이 향상되는 와중에 풍수해 등 자연재해가 발생하여 수확한 기다리고 있는 농민의 기쁨을 한순간에 앗아가 버리기도 한다.

또 다른 예로 식수 개선을 위한 지하수 개발 사업 당시에 주요 관정 포인트에서 끌어올린 물에 염분이 많아 식수로 사용하지 못하기도 했다. 다양한 대안이 있겠지만, 당시에는 염분이 과다한 물을 식용수로 사용하는 대신 생활용수로 용도를 변경하고 빗물 집수장치 등을 이용해서 식수 문제를 해결할 수 있도록 사업활동을 변경한 기억이 있다.

PDM을 작성하면서 발생 가능한 위험 요소를 가능한 한 예측하여 대안을 고안하지만 실제로 이러한 상황을 사전에 방지하는 것은 매우 어려운 측면이 있고, 현실적으로는 사후조치로 해결하는 경우가 대부분이었다.

이제 사업 '선행조건' 부분을 작성해보자. 예를 들어 농촌 마을 도로 건설이라는 사업활동을 한다고 가정할 때, 도로 건설을 위해서는 건설 부지확보가 필수적이다. 이 지점에서 우리는 도로 건설 부지확보를 선행조건으로 작성해둘 수 있다.

5. 드디어 완성한 PDM

위에서 설명한 PDM에 관한 이론적인 내용을 바탕으로 사업 현장 조사를 거치면 다음 표 11과 같은 PDM이 완성된다. PDM은 사업 생애를 함께 하며 사업활동 완료 여부 등을 모니터링하고 관리하는 데 사용되며, 사업 흐름에 따라 설정한 검증지표를 활용하여 실시하는 단계적인 자체평가에도 유용하게 쓰이는 시트Sheet이다.

PDM 시트는 사업을 한눈에 파악할 수 있다는 실무적인 장점이 있다. 다양한 사업참여자와 공유해야 하는 사업 기간, 예산, 협력 기관, 주요활동, 예상 산출물, 성과 등 종합적인 사업정보가 한 시트에 포함되어있기 때문이다.

사업 실행기관으로서 사업을 관리하는 측면에서도 PDM을 통해 사업 완성도를 점검할 수 있다. 예를 들어, 농업 생산성 향상률(%)과 같은 수치를 주기적으로 점검하면서 초기에 설정한 목표치와의 비교를 통해 성과가 부진할 때는 다른 대안을 고민할 기회를 만들어주기 때문이다. 또한, 사업을 평가할 때, 평가자가 제3자로써 객관적인 시선으로 지표를 검증하는 데에도 PDM은 매우 유용한 역할을 한다.

다음 표 11은 농촌개발사업의 일반적인 PDM이다. 우리는 1장에서 설명한 사업구조와 2장을 거쳐 완성한 논리 모형을 바탕으로 사업실행 과정에서 검증이 필요한 지표와 수단, 중요가정과 위험 등의 전제조건을 추가해서 한 시트에 담아 통합된 프레임으로 작성했다.

PDM에는 대표 사업활동을 명시했으나, 실상 사업활동을 수행하기 위한 여러 개의 소활동Sub-Activity들도 있다. 하지만 최대한 한눈에 볼 수 있도록 작성된 PDM에는 장기간 수행되는 사업의 모든 활동을 담기에는 한계가 있다는 것을 인정해야 한다.

그리고, 중장기적으로 사업이 수행되면서 현장 여건이나 외부적인 요인으로 인해 사업활동에 변화가 발생할 수 있다. 이러한 변화가 발생할 때마다 PDM에 적용하여 새로운 버전Version으로 작성하여 관리해야 한다. 하지만 최근에는 PDM 수정이 지양되는 추세로 바뀌는 중이다. 사업내용 변화를 반영한 PDM 관리도 중요하지만, 그것보다 사업 형성단계에서 이러한 변화까지도 감지하고 사업을 신중하게 만들어야 한다는 분위기가 반영된 것이다. 사업평가는 점점 더 엄밀해지고 있다는 뜻이라고 생각한다.

표 11. PDM – oo 농촌개발사업[49]

작성버전: V. 1.　　　　　　　　　　　　　　　　　　　　　　　　작성일: 0년 0월 0일

Narrative Summary (요약)	Objectively Verifiable Indicators (객관적 검증지표)	Means of Verification (검증수단)	Assumptions/Risk (중요가정/위험)
Impacts (영향) 1. 사업수혜국 식량확보(food security) 2. SDG 1. 빈곤종식	oo 국 사업마을 빈곤율 조사	1. 사후 평가 2. 종료선 조사 3. 정부 DB	– oo 국 정치적 안정 – 중앙부처의 조사 협력
Outcomes (성과) 1. 증가된 소득증대	1. 농가소득 증대율 (15%)	1. 종료선 조사 2. 사업 보고서	– 산지 직판장 운영 활성화 – 지역거버넌스 역량
Outputs (산출물) 1.1 건설된 농촌도로 1.2 건설된 수자원 시설 1.3 설치된 농축산시설물 1.4 개선된 주거환경 2.1 향상된 농산물 생산 2.2 향상된 축산물 생산 2.3 강화된 유통판매 활동 3.1 농축산 조합 결성 및 운영 3.2 농축산 기술훈련 3.3 소액금융 운영	1.1 건설된 농촌도로 길이 1.2 건설된 용수시설 수 1.3 설치된 농축산시설물 수 1.4 개선된 주거환경 가구 수 2.1 농산물 생산증가(30%) 2.2 확대된 축산물 두수 2.3 구축된 직판장 수 3.1 결성된 조합 수 3.2 기술훈련 수료자 수 3.3 소액금융 수혜자 수	1. 현장확인 및 사업 보고서 2. 기초선 조사 3. 종료선 조사	– 지역정부의 사업참여 의지 – 주민참여의지 및 기술습득 태도 – 소액금융 시스템의 정상적 운영
Activities (활동) 1.1　생계활동을 위한 마을도로 건설 1.2　식수 및 농축산 활동을 위한 수자원개발 1.3　농축산업 생산을 위한 시설물 설치 1.4　주거환경(부엌, 지붕 등) 개선활동 2.1.1 농산물 생산성 향상 2.1.2 소득증대용 채소재배 2.2.1 축산사육 확대 2.2.2 축산사료를 위한 초지 조성 2.3.1 생산물 판매홍보 및 브랜드 개발 2.3.2 직판장 개설을 통한 유통판매 활동 3.1　농축산 조합결성 및 운영 교육 3.2.1 농축산 기술훈련(품종선정, 비료, 제초, 수확후 처리 등) 3.3.1 소액금융 규약(금융 대여목적, 대여규모, 상환 조건 등) 3.3.2 수혜자 선정(주민회의 결과 반영, 취약계층 우선 등) 3.3.3 소액금융 담당자 교육	**Inputs (투입물)** **KOICA** (사업예산) oo 백만불 (사업기간) 2022-2025 **수원기관** (분담재원) oo 만불 (지원내용) 공무원 사업참여, 사무실, 전문가 신분보장, 관세 편의 등		**Pre-conditions (선행조건)** • 사업참여자 확정 • 도로부지 확보 • 시설물부지 확보 • 지역정부 참여 • 자연재해 피해

---

49) PDM 양식활용 ; 국제개발협력 프로젝트실행과 관리 활용 - 코이카 ODA교육원 발행

제4장

PDM 현장관리

___

1. 사업대상지역 크기와 수혜자의 중요성

베트남 라오까이성 행복 프로그램의 경우 양 정부가 합의한 RD 상 사업대상지역이 라오까이지방 농촌 지역으로 명시되어 있어서 사업수혜자는 약 46만 명이 될 것으로 예측했다. 하지만 3년간 수행될 사업으로 모든 지역 주민이 수혜자가 된다는 것은 어려운 일이다.

따라서 사업 초기 PMC 참여전문가들은 기초선 및 종료선 조사를 위해 선정된 현지 평가업체와 함께 현지 유사 사업 경험을 살펴보고 합리적인 방안에 대해 협의하면서 선택과 집중에 대해 고민하게 되었다.

아래 박스는 현지 평가업체가 사업 효과성 측면에서 사업대상지의 크기와 수혜자 규모에 대해 근본적인 문제를 제기한 내용이다. 기초선조사 작업을 위해 선정된 평가업체도 대상지역과 수혜자가 명확히 설정되어야 작업에 착수할 수 있기 때문이다.

첫째, 베트남 사업은 6개 사업부문으로 참여 분야가 상당히 복잡한 사업구조를 갖고 있으며

둘째, 베트남 내 지방단위의 유사 성격의 사업 기간이 비교적 장기(5~15년)임과 비교해 사업 기간은 3년으로 대단히 짧고;

셋째, 구성한 사업활동은 대단히 의욕적이나, 투입 비용에 비해 광범위한 사업지역 (지방 8개 군)으로 사업효과가 극히 미미할 것으로 우려함

이러한 점을 바탕으로 타당한 근거 조사를 통한 사업대상지역 축소 및 업무량 조정(도로건설 및 농촌개발 부문)이 필요하다고 판단했다.

PMC와 평가업체는 수차례 합동 회의를 거듭한 끝에 대상지역 축소 및 업무량 조정 방안을 제시하게 되었고, 정부 관계자의 합의를 끌어낼 수 있었다.

2. 기초선과 종료선 조사 준비작업

이렇게 축소된 사업지역과 수혜자를 대상으로 현장 사업 착수를 위해 현지 정부 관계자, 사업수혜자들과 함께 사업 실행체계 구축 및 사업활동 확정을 위한 액션플랜 작성에 돌입했다.

동시에 현지 평가업체도 베트남 라오까이성 행복 프로그램의 6개 사업 부문의 부문별 사업수혜자의 현재 상황을 파악하기 위한 기초선 조사방법론을 구체화하는 작업을 시작했다.

사업 지역과 수혜자에 대한 일차적인 조정작업이 있었음에도 다음 그림 31과 같이 여전히 다양한 수혜자 그룹으로 복잡하게 구성되어 있음을 알 수 있다.

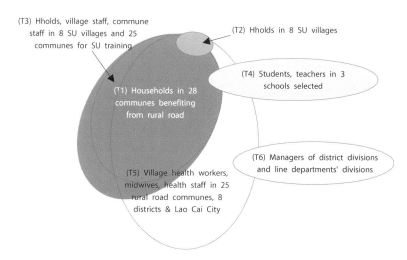

(T3) Hholds, village staff, commune staff in 8 SU villages and 25 communes for SU training

(T2) Hholds in 8 SU villages

(T4) Students, teachers in 3 schools selected

(T1) Households in 28 communes benefiting from rural road

(T6) Managers of district divisions and line departments' divisions

(T5) Village health workers, midwives, health staff in 25 rural road communes, 8 districts & Lao Cai City

T1; 도로건설(366km, 28개 꼬뮨), T2; 8개 시범마을개발, T3; 새마을교육, T4;교육(소수민족언어 및 기숙사건축), T5; 보건역량강화(현장공무원 등), T6; 지방행정 - 베트남 ODA사업 6개사업부문(6 program component)

Source: IRC based on the latest Program Action Plan

그림 31. 기초선 조사를 위한 대상자 선정

베트남 라오까이성 행복 프로그램은 사업구성을 크게 인프라(도로건설, 농촌개발 등), 역량강화(보건, 지방행정, 교육 등) 등으로 구분할 수 있는데, 이러한 유형적 특성으로 인해 기초선 조사 준비 단계부터 종료선 조사에 이르기까지 조사방법론에 대해 상당한 이견이 있었다.

역량강화 부문은 대조군 설정50) 과 같은 세밀하고 정교한 방법론이 필요하지만, 당시 예산과 물리적인 시간의 한계로 인해 역량강화 분야 참여전문가들의 의지와 요청사항을 모두 반영하지 못한 점은 지금도 아쉬움으로 남아있다.

---

50) 실험 결과를 도출하기 위해 인위적 또는 어떤 조작을 통해 환경 설정을 한 집단이 실험군이고 실험 결과가 제대로 도출되었는지를 판단하기 위해 어떤 조작이나 조건도 가하지 않은 집단을 **대조군**이라고 한다. 두산백과/네이버 지식백과

사업 초기에 실시하는 기초선 조사에는 양적 조사Quantitive Survey와 질적 조사Qualititive Survey를 병행했다. 아래 설명 박스는 도로 건설과 8개 시범 마을 조성 부문의 양적 조사를 위한 표본 추출 사례를 보여주고 있다.

설명 Box 9. 응답대상자 선정

T1; 도로건설부문 표본집단: 약 1만 가구에 달하는 모집단에 대한 95%의 신뢰도와 허용오차 5%를 가지는 크기는 385가구이다. - 군집표본추출법Cluster Sampling Approach을 활용하여 도로사업 대상 30개 마을을 우선 선정하고 마을당 무작위로 13개의 농가를 선정하고 최종 390개 조사 대상자informant를 선정함.

T2; 시범마을부문 표본집단: 단순 무작위추출법Random Sampling Approach을 활용하여 시범마을 약 460 농가에 대한 95% 신뢰구간 5% 오차범위를 가지는 권장표본 크기는 210명이다. 8개 시범 마을별로 26개 농가를 선정하고 최종 210개 조사 대상자를 선정함.

베트남 사업의 기초선조사 작업으로 도로건설 부문과 8개 시범마을 부문(T1 and T2) 수혜자들의 가구 특성, 토지 소유 현황, 자산과 생계자원 특징(수자원, 환경위생 등)을 조사하여 샘플링한 결과와 기초 데이터를 분석하여 생계 활동(농작물, 가축사육 등) 패턴을 파악할 수 있었다.

수혜자들은 제한적인 토지보유와 시간 제약으로 인해 다년생 작물보다는 단년생작물 재배에 집중하는 경향을 보였으며, 토지 활용의 비효율성으로 인해 토양부식 등이 나타나 지속적인 생계 활동에는 제약을 받고 있었다. 또한, 재래적인 작물 수확후관리 기술을 사용하고 있어 수확 후 손실률도 높은 것으로 나타났다.

조사 응답자들은 주요 농작물(쌀, 옥수수 등) 재배와 관련하여 약 16% 미만의 소수만이 훈련을 받았다고 응답하여 다양한 생계훈련 강화의 필요성을 지적했다. 당시 현장에서 이러한 기초선 조사 일부 내용을 사업활동 계획에 반영하여 사업활동을 구체화할 수 있었다.

이러한 자료수집은 훈련된 전문 요원에 의해 진행되더라도 요원이 질의서를 만든 전문가의 의중을 정확하게 파악하지 못한다면 신뢰할 만한 결과를 얻기 어렵다. 또한, 질의 과정에서 질문이 응답자에게 정확하게 전달되지 못해서 정확한 결과를 얻지 못할 수도 있다. 환경적 제약과 의사소통 부족 등으로 인해 현장 조사의 결과가 신뢰할 수 있는 수준에 미치지 못하는 경우가 종종 발생한다. 특히 농촌지역 조사에는 응답자가 농민이라는 점을 한 번 더 고려할 필요가 있다.

3. 사업실행자의 PDM관리 사례

다음 표 12 PDM 현장관리 사례는 베트남 사업 당시 실행자인 PMC 사업단이 현지 평가업체와 함께 작성하여 사업관리를 위해 사용했던 PDM의 일부이다. 사업 초기, PDM 상의 6개 사업 부문 내 활동에 대한 지표작성 과정에서 지표 목표 수치를 의욕적으로 높게 지표를 선정하기도 했다. 하지만, 표에서 알 수 있듯이 실제 현장에서 유효한 측정 결과치를 도출해 내는 작업이 쉽지 않았다. 따라서, 현장 여건을 고려하여 측정지표는 되도록 단순하고, 객관적이며 측정 가능해야 한다는 명제를 다시 떠올리게 된다.

당시 PMC 사업단은 모니터링 및 평가 업무를 일관성 있게 추진하기 위해 자체 정보관리체계MIS, Management Information System를 사용하여 사업활동 결과 데이터를 반기마다 수집하도록 했다. 하지만 현지 군, 면 단위 공무원들이 자료를 수집하는 과정에서 직접 현장을 방문하는 것이 아닌 전화로 확인하는 사례가 있어 일부 데이터의 신뢰성에 문제가 제기되기도 했다. 결국에는 연단위Anuual로 수집하기로 타협했지만, 이렇게 수집된 데이터 역시 신뢰성은 장담할 수 없는 상황이 되어 버렸다.

사업 모니터링에 참여한 현지 평가업체는 자료수집 요원을 가급적 관련 전공 경력자로 채용하였고, 태블릿 PC에 GPS를 활용한 위치기록을 저장하는 등 다양한 자료 수집 방법을 활용했다.

또한, 업체가 작성한 설문지를 살펴보니, 수혜 가구별 기초선 조사 참여 여부 등 기본적인 사항 외에도 질의서를 상당히 정교하게 만들어 놓았다. 이를 보면서 질문서에는 질문 의도, 자료수집 요원의 소통 방식, 결과 정리까지 모든 과정에 상당히 세심한 주의가 필요하다는 것을 알 수 있었다.

베트남 사업을 하면서 현장에서 PDM 관리를 할 수 있었던 것은 M&E 전문가가 현지에서 체류했고, 필요한 제반 예산이 동원될 수 있었던 덕분이다. 일정 규모 이상의 사업실행에 이러한 제도를 필수화시키면서 M&E 활동에 필요한 전문가 및 현지업체 작업에 드는 예산이 수반되어야 한다. 사업수행자는 사업이 복잡하고 규모가 클수록 계획된 사업활동을 기한에 맞춰 수행하는 것 자체에 몰입하게 된다. 하지만 사업에서 조금 떨어져서 객관적인 시선으로 바라볼 수 있는 현지 평가업체의 다양한 조언 덕분에 사업 효과성 측면에서 큰 도움을 받았다.

표 12. PDM 현장관리 사례

구분	측정지표 (Objectively Verifiable Indicators)	기존 / 목표치	기초선조사 2015년도	2016 하반기 (M I S)	종료선 조사	사업종료기 달성도	사업종료기 달성률51)
사업 목적/영향	1. 생활수준이 향상되었다고 응답한 수혜자비율	30 %	(589 농가)		51% (58% – SU, 47% – Non-SU)	51%	100 %
사업 성과 (Outcome)	1. 마을에서 면까지 소요시간 감소율*	10 %	(589 농가)		25.4%	25.4 %	100 %
	3.1 가구별 소득 증가율	10 %	0 % (59.9백만동52)/연/가구)	14.7 % (68.7백만동/연/가구)	25.1 % (68.7백만동/연/가구)	25.1 %	100 %
	3.2 가구별 사육두수(물소)	10 %	0 % 1.5마리/가구	32.0 % 1.98마리/가구	46.0% 2.19마리/가구	46 %	100 %
사업 산출물 (Output)	1.1 건설된 농촌도로 길이	366 km		155.8 km	366 km	366 km	100 %
	3.2.1 농축산 기술훈련 수혜지수	2,400 명		1,553 명	4,814 명	4,814 명	100 %
	3.3.1 소액금융 수혜가구 수	150 가구		167 가구	216 가구	216 가구	100 %

– MIS(Management Information System); PMC사업단 자체 정기 데이터 자료수집 조사결과(반기 혹은 연 단위로 데이터 수집함)
– ( ) : 측정대상 농가
– * : 조사항목은 종료선 조사에 추가한 indicator임. ; – SU농가, Non-SU농가[53]
– 1 USD=22,450 VND (Vietnam Dong, Dec 31. 2015, Online Currency Converter)

51) 달성율 = (누적치/목표치) x 100
52) 59.9백만동 ≒ 2,668US$/Year/House hold
53) SU농가, 8개마을개발사 업부문 으로 사업활동에 참여한 8개 SU(새마을) 마을을 의미함, Non-SU농가, 도로건설에만 참여했던 28개 포본 농가를 의미함

제 5 장

현장 전문가의 길

베트남 라오까이 사파군 대나무숲 길

사파 시내에서 산 아래에 있는 마을들을 가려면
이 대나무 숲을 거쳐야 했다.

1. 사업시행자 선정과 청년 참여기회

사업실행자로 참여하는 것은 대부분 발주자Client와 계약관계에서 출발한다. 기관 혹은 개인으로 입찰이나 공모에 선정되어야 프로젝트 전문가로 활동할 수 있기 때문이다. 사업 입찰 공고가 나면 전문가단 구성이 가능한 컨설팅 회사나 전문기관이 사업제안 요청과 기준에 맞추어 관련 서류를 제출해야 한다.

업체 선발 기준은 발주자별로 조금씩 다르겠지만, 통상적으로 기관 신용도, 사업 참여경력 등을 검토할 수 있는 기본적인 서류를 요구한다. 응찰하는 회사의 연혁, 자본금, 매출액, 유사사업 실적 등도 제출한다.

이러한 기본적인 내용 중에서도 특히 참여전문가 이력과 기술 부문이 중요하게 평가된다. '참여전문가의 이력'에서는 관련 학력도 중요하지만, 그에 못지않게 유사 사업 현장 경력이 중요하다. 따라서, 가능한 많은 사업의 실행, 조사 등 기회에 참여할 필요가 있다. '기술부문'에서는 사업 대상지역 분석, 과업 목표 및 성과지표 작성, 사업 수행 방안, 기본방향 및 사업 부문별 실행접근 방법과 실행계획 등 사업 실행에 관한 전반적인 사업내용을 작성해야 한다.

참고로 사업 실행접근 방법론Implementation Approach Methodology을 작성하도록 하는 것은 '당신이 사업목적을 성공적으로 달성하기 위한 구체적이고 논리적 실행체계와 달성방법을 제시하라'라는 의미라고 볼 수 있다. 이러한 많은 내용을 담아내야 하는 사업 제안서는 여러 분야전문가가 함께 작성하기에 사용용어나 문맥의 일관성에 주의해야 한다. 분야별로 작성을 마친 제안서를 취합한 후에 한번 더 최종 검토 및 수정해야 한다.

작성한 제안서가 채택되어 사업실행 기관으로 선정되면, 발주자와 계약을 체결하고 참여전문가가 모두 한두 차례 모여 사전 회의 후에 담당 분야Speciality 투입 시기에 따라 현지에 파견된다. 가끔 참여하는 전문가가 급하게 선발될 때는 다른 참여자들이 미리 협의한 내용이나 많은 이해관계자를 파악하는 데 시간이 소요된다. 많은 사람이 참여하는 만큼 갈등 발생을 최소화하기 위해 참여자 간 업무 관계에도 주의해야 한다.

국제개발협력 분야에 발을 들이는 청년들은 초급전문가로서 참여할 수 있는 PAO, Project Action Officer나 YP, Young Professional 등의 기회를 찾기를 적극적으로 권한다. 요즘에는 발주자가 선정된 사업 실행자(Agency 또는 기관 등)에게 의무적으로 PAO를 선발할 것을 요청하는 경우도 있다. 이러한 초급전문가 활동 경력은 후에 중견 전문가로 발돋움할 수 있는 계기가 될 수 있다. 일과 여행을 함께 할 수 있는 국제개발협력분야 전문가는 매력적인 직업 중의 하나라고 생각한다.

2. 프로젝트 전문가란

국제개발협력에 참여하는 전문가는 다양하다. 기관에 소속되거나 혹은 독립적으로 활동하는 분야전문가, 사업실행 전문가, 평가 전문가 등 국제개발협력 사업이 고도화됨에 따라 사업 하나를 완성하기 위해서 다양하고 많은 전문가의 손길이 필요하다. 우리는 그중에서도 사업을 실행하는 전문가인 PM을 중심으로 살펴보고자 한다.

사업발주자가 요구하는 PM의 자격을 살펴보자. 코이카 농촌개발 프로젝트 PM으로는 대개 1~3급 수준의 전문가가 선발되는 경우가 많다. 통상 사업 분야Project Sector 전문가를 PM으로 선발하는데, 보건 분야 사업에는 보건 전문가를, 지역개발사업의 경우 지역개발전문가를 선발한다. 선발에는 해당 분야 전문성과 사업추진 역량 유무를 평가하고 있다. 사업 발주담당자로부터 '같은 유형의 사업이라도 PM의 역량에 따라 성과 결과에 큰 차이가 있다.'라는 이야기를 자주 듣기도 했던 것을 생각해보면 사업 성패에 큰 영향을 미치는 PM의 역량을 중요하게 평가한다는 것을 알 수 있다.

PM의 주요 역할은 프로젝트 총괄 관리로 사무소구축 등 사업 착수 사전 작업부터 제반 행정업무, 인사[54]까지 두루 담당한다. 현장 사업추진 현황을 파악하여 본부Headquarter에 적절한 전문가를 파견해 달라는 요청을 하기도 한다. 적절한 결단과 결정이 필요한 업무가 많아 사업 분야에 일정 수준 이상 경력을 갖춘 사람이 맡게 된다.

사업분야를 어느 정도 이해하면서 또 전체를 볼 수 있는 능력이 있어야 한다. 보통 이렇게 사업을 총괄하면서 제반 행정업무를 담당하지만, 간혹 본인의 전문분야도 맡아야 한다. 경험상 PM은 늘 바쁠 수밖에 없는 것 같다. 그리고 항상 역량을 평가받는 자리이기 때문에 프로의식을 가지고 철저하게 업무를 수행해야 한다는 압박감도 뒤따른다.

최근에는 사업 규모가 커지는 추세를 반영하여 많은 사업에서 PAO 라는 직종을 선발한다. 선발된 PAO의 주요 과업은 PM 업무 지원이지만, 사업 규모나 역량에 따라서 PM의 일부 과업을 직접 맡아서 수행하는 경우도 있을 것이다.

---

54) 분야 전문가 파견시기 조정, 필요시 전문가 추천, 현지 직원 채용 등

프로젝트 전문가로서 계획대로 사업활동을 수행하여 산출물과 성과를 현장에 남기는 것이 무엇보다도 중요하다. 하지만 이에 못지않게 보고서에 사업활동 과정과 추진 현황, 그 결과를 체계적으로 남기는 작업도 필요하다. 보통은 현장 사업활동 결과를 정리한 국영문 보고서를 발주자에게 분기별로 제출한다. 사업활동 현장에는 사업 결과물을 남기고, 그 결과를 보고서로 작성하는 것이 PM을 비롯한 사업 참여 전문가 모두에게 주요한 업무이다.

국내에 있는 사업발주자는 물론이고, 사업 대상 국가에 발주자 사무소가 있을지라도 보고서 없이 사업활동 경과나 결과물의 성과를 일일이 파악하기는 힘들다. 특히 프로젝트가 장기간 수행될수록 보고서 작성내용이나 구성에 유의하여 충실히 작성해야 한다. 잘 만들어진 보고서는 사업활동 중의 평가에 사용될 뿐 아니라 유사 사업을 위한 교훈 역할 등에도 꽤 유용한 역할을 할 수 있다.

일정한 수준의 영문보고서 작성은 꼭 해야 할 일이지만 쉽지는 않다. 나 또한 예외는 아니었고, 나의 영작 실력도 형편없어 현지 전문가로부터 질책받은 적도 있다. 보고서를 잘 쓰기 위해서는 경험을 바탕으로 개인의 학문적인 노력이 필요하다. 세계은행이나 UN 기관 등 국제적인 기관의 전문가 참여 자격은 더욱 엄격하다.

3. 현장 전문가로 이르는 길

과테말라 사업 PM으로 출발할 무렵 한 동료가 내게 "얻는 것이 있으면 잃는 것도 있다."라는 말을 했다. PM을 맡게 되면 대체로 장기간 파견근무를 하게 되므로 국내에 남은 가족을 포함한 지인, 동료들과 멀고도 먼 물리적인 거리가 생긴다는 것을 의미한 것이다.

하지만 그 당시 나는 새로운 사업이라는 도전과제와 한 번도 밟아보지 못한 미지 세계인 중미Central America에 날아간다는 설렘이 더 앞서 있었다. 그렇게 떠났던 곳에서 사업을 마치고 귀국한 다음 날, 가족들이 다 함께 식사하러 나가기 위해 운전대를 잡은 아내가 딸들에게 "우리도 남자 한 번 데리고 식사하러 가보자."라고 말하는 통에 차 안이 잠시 웃음바다가 된 적이 있다.

가족과의 상봉도 잠시, 이어 파견된 아프리카 탄자니아에서 사업을 수행하면서는 힘든 환경과 예고 없는 위험을 많이 겪었다. 다른 곳에 비해 기본적인 보건위생 환경이 열악해 몸도 마음도 힘들었다. 파견 국가의 환경으로 인한 사업참여자의 심신 상태는 사업 결과에 상당한 영향을 미치기도 하므로, 참여 당사자는 항상 본인의 상태를 확인하고 돌볼 필요가 있다.

환경이 다른 곳에서의 삶이 비록 어려운 부분이 있을지라도 여행자로서의 기분도 잊지 말기를 바란다. 업무적으로는 힘들었던 탄자니아에서도 기쁜 순간들은 있었다. 근무지 모로고로에서 차로 약 한 시간 반 정도 떨어진 국립공원을 현지 직원들과 함께 방문한 적이 있다. 방문에 동행한 무왐보씨는 현지 정부 관계자로, 퇴직을 몇 개월

앞두고 우리 PMC단 사무소에서 파견 근무하는 동료였는데, 약속한 날 평소에 보지 못했던 말쑥한 양복 차림으로 손에는 카메라까지 들고 왔다. 솔직히 멀지 않은 공원을 가는 길에 차려입은 모습이 어색해 보이기도 했다. 하지만 가뭄이 들어 동물들이 물을 찾아 떠나 조금은 횅했던 공원에서 어쩌다 만난 야생동물에도 매우 기뻐하는 모습을 보니 어색한 차림에 대한 마음은 어디 간데없고, 왠지 모를 미안한 마음이 들었다.

여러 가지 애로사항이 있더라도 사업 현장을 깊게 이해하는 데는 장기 파견근무가 필요하다고 생각한다. 하지만 요즘 들어서는 짧은 출장이 더 매력적이다. 기간이 짧아 더욱 집중해서 일해야 하는 어려움도 있지만, 짧은 시간 동안 주마등처럼 지나가는 풍경이나 만나는 사람들이 삶 속의 또 다른 모자이크 같은 현란한 느낌을 주기 때문이다. 물론 출장 기간이 짧아 놓치기 쉬운 부분을 그간의 장기 파견근무 경험으로 극복할 수 있어 조금의 여유가 있는 것일지도 모르겠다.

농촌개발 전문가로서 다양한 국제개발협력 사업에 참여하면서 파견국 현지 주민들과 어울리는 과정을 통해 그들만의 독특한 생계 지혜와 문화를 체험하는 행운을 얻은 것 같다. 해외 현장을 돌아다녔던 활동 흔적Trace들이 전문분야 경로Speciality Path를 거치면서 전문가로의 길이 열렸다고 생각해본다. 그것이 여행 같았던 현장 전문가의 길이 아닐까 생각한다.

유목민 같은 전문가의 길

키다리 건축 전문가 벤저민 작품

과테말라 사업 후반기 PMC 팀원들과 함께

가슴에 남은 장소들

돌고 도는 물레방아 - 베트남 북부 라이초우 지방

물레방아가 하천의 물을 논에 부지런히 실어 나르고 있다.
이젠 이 지역의 관광명소가 되었다.

1. 사탕과 헌병

생각만 해도 아득하다. 벌써 20여 년 전의 일이다.

처음으로 국제개발협력 사업 형성을 위해 캄보디아에 출장을 갈 기회가 있었다. 난 농촌 아이들이 이리저리 뛰어 다니며 날 반길 것이라는 생각에 출발 전부터 맘이 들떠있었다. 아내와 함께 대형마트에 가서 큼직한 사탕 봉지를 몇 개 샀다. 아이들이 좋아할 것을 상상하니 걸음도 마음도 가벼웠던 기억이 있다.

이윽고 도착한 캄보디아에 막상 처음에 만난 사람들은 현장의 아이들이 아니고 제법 높으신 공무원 관리들이 우리 조사팀 일행을 꽤 중요한 손님처럼 반겨주었다. 지금 공적자금이라는 투자는 그 나라 농촌 실정에도 큰 반향을 일으켰을 법하다.

다음날 간단한 브리핑과 함께 현장으로 이동해야 했다. 도시를 벗어나자마자 끝없이 이어지는 비포장도로를 달리는 농촌 길을 달려가면서 주변은 먼지로 가득하여 앞을 거의 볼 수 없어 어디로 향하고 있는지 가늠하기도 힘들었다. 들썩이는 엉덩이를 애써 달래면서 차 안에서 보았던 풍경은 어릴 적 초등학교 등굣길을 연상할 정도였다. 이런 먼지 길을 떠나는 출발부터 현장에 도착할 때까지 조사팀의 이동 차량 앞에서는 몇 명의 오토바이를 탄 헌병들이 우리를 에스코트를 했다. 이윽고 현장에 도착했는지, 앞서 달리던 오토바이들과 우리 일행이 탄 차량이 멈춰 서니 주변에 일어났던 먼지들이 가라앉기 시작했다. 한 까무잡잡한 헌병이 우리 조사팀 일행에게 다가오더니 거수경례를 하며 예를 표했다.

우리 일행은 그분들의 정성과 헌신에 조그만 정성을 표한 것으로 감사의 마음을 전했다. 난 그냥 전문가로 참여했을 뿐인데… 이런 마음도 잠시, 막상 해외현장조사를 시작하니, 두서도 없고 자연 부산스럽기만 해서 내 뒤 배낭에 얌전히 있던 사탕 봉지를 꺼내 들 여유조차 없었다. 서툰 현장조사가 어느 정도 끝날 무렵, 그제야 방긋거리며 우리를 따라 다니던 코흘리개 아이들이 눈에 들어오기 시작했다. 조사팀이나 동행했던 중앙부처의 공무원 눈치를 보아가며 몇 번 주저하다가 사탕 봉지를 꺼내 들고는 일부 아이들에게 나눠주면서도 눈치를 보아야 했던 기억이 아직도 눈에 선하다.

사탕은 다시 과테말라에서 빛을 발했다. 운전사인 윌리엄 씨의 역할이었다. 내가 주민 상대 협의와 공무원과 논의 중에도 사무실에서 마련한 사탕을 신이 나서 언덕 위에서 아이들과 함께 웃으며 떠들며 운전사 윌리엄 씨가 함께 나누는 그의 밝은 모습을 보니 부럽게 보였다. 막상 입에 단 사탕보다 물고기 잡는 법이 더 중요하다고 늘 얘기하지만, 인간의 인지상정(人之常情)은 다른가 보다. 난, 은근히 심술이 나서, 그날의 출장업무가 종료될 무렵 윌리엄 씨에게 남은 사탕 없냐고 물으니 그는 너스레 떨면서, 사탕이 더 필요하다고 오히려 내게 큰소리다.

이름도 가물가물한 끼체 지역의 그 마을은 난민들이 정착했으나 정작 본인 소유의 토지가 없어 공공건물이나 경작을 할 수 없는 처지였던 바람에 사업지구에서 제외되어 버렸다. 아이들에 대한 윌리엄 씨의 사탕 선물은 안타깝게도 이 마을에서 너무 일찍 사라져 버렸다.

언젠가 가나에 갔었다. 그것도 정부 차원의 사업형성 출장으로 갔는데 가나 중앙정부는 한 전문가임에 불과한 우리 조사팀에 예를 다 갖추어 대해주었다. 더욱 사명감있게 일해야겠다는 마음이 도착부터 들 정도였다. 이윽고 다음날 현장으로 출발하는 차량의 선두에는 꽤 큰 오토바이를 탄 헌병이 있었다. 비좁고 복잡한 시내를 오가는 차량을 오토바이가 선두에 달리면서 좌우로 흔들어 대니 차들은 양쪽 가로 비켜나니, 한가운데 공간을 확보하고 속도를 낸 후에야 겨우 시간 내 도착할 수 있었다.

오토바이를 지그재그 스타일로 과격(?)하게 모는 제복의 헌병으로 인해 앞서 있던 차들의 엉거주춤한 움직임의 신기함도 잠시이고 차 안의 우리를 얼마나 욕했을까 하는 생각에 엉덩이를 차에 차분히 붙어 앉아 있기 힘들 정도였다.

캄보디아 출장 당시의 조사 출장 차량의 선두에서 흙길을 달리느라 온몸을 먼지로 뒤집어쓰고는 거수경례를 했던 엄숙하기조차 했던 제복의 헌병이 떠 오른 순간이었다. 아무리 ODA 사업 선물 보따리를 제안하러 왔지만, 속으로는 전문가 일행에 너무 지나칠 정도였다. 다행스럽게 그 사업은 무난한 형성과정을 거치고 내가 제삼국에 있는 동안 실행까지도 무난히 완료되어 먼발치에서나마 마음의 진 빚을 겨우 갚았다는 느낌이 들었다.

2. 킬리만자로와 대장금 호텔보이

탄자니아에는 '세렝게티'와 '킬리만자로'라는 상표의 맥주가 있었다. 이 상표들은 우리 귀에도 낯익은 국립공원과 아프리카 대륙에서 유명한 산(해발 5,895m)의 이름들이다. 하지만 난 탄자니아에서 3년의 사업을 실행하면서도 둘 다 가보지는 못했다. 워낙 멀기도 멀었지만, 바쁘고 힘든 일이 풀리지 않아 사실 갈 맛도 나지 않았다.

그러던 어느 날 휴일을 겸해서 킬리만자로산으로 최소 2박 3일은 족히 걸리는 먼 길을 떠났다. 모로고로에서 차로 출발했다. 가는 길 좌우편으로 끝도 없이 펼쳐지는 초원을 뒤로하고, 중간 기착지인 사메 읍(Same town)에서 하루 저녁을 쉬었다. 사메는 거대한 건조지역이었다. 조그만 여관에 들어서니, 나뭇가지 위에 원숭이들로 그득 차 있었다. 원숭이 여관인가? 그날 저녁 잠자리에 들려고 모기장으로 들어가려는 순간, 여관 바닥의 한편에 조그만 전갈이 보였다. 말로만 듣던 그 무시무시한 전갈을 여기서 보았다.

그냥 두고 잠자리에 들면 내가 위험할 것 같았다. 그래서 모기장이 쳐진 여관방에서 마침 난 슬리퍼를 신고 있었는데, 순간 무척 당황스러웠지만, 살며시 다가가 그를 밟고 발에 힘을 주고는 한동안 멈추어서 있어야만 했다. 이내 잠자리에 들려고 했지만, 누워있어도 마음의 요동이 가라앉는 데는 한참이나 시간이 걸렸다.

이른 아침에 일어나 여관 주위를 둘러보니 들녘이 건조하고 황량했다. 그제야 전갈이 왜 이곳에 있는지 알 것 같았다. 간단한 식빵과 쨈으로 아침을 때우고 다시 출발했다. 킬리만자로산이 가까워지기 시작하니 점점 주변 지역의 고도가 높아지면서, 들의 풀과 나무가 달라지기 시작했다. 벼농사가 가능한 지역이었다.

벼농사가 가능하다는 것은 물이 풍부하다는 얘기이다. 이곳 킬리만자로 산 아래에는 커피 농장이 자리 잡고 있으며, 유럽인들의 은퇴형 주거지역도 있다고 한다.

킬리만자로산 근처의 대장금 팬 호텔 보이

이제 좀 더 가까이에 킬리만자로산이 보인다. 날이 흐려 전체가 또 렷이 보이진 않지만, 자세히 보니 산봉우리의 흰 눈을 볼 수 있었다. 이윽고 예약한 호텔에 도착하니 벨보이가 호텔 문 앞에 서 있었다. 도착한 우리를 보더니, 그는 "전하!"라고 우리가 놀랄 정도로 크게 소 리쳤다. 난 깜짝 놀랐다. 이곳에서 발음도 또렷한 한국말을 우렁차게 들으리라곤.

알고보니 그는 TV 프로그램, 대장금의 팬이었다. 이곳에서도 대장 금이 인기란다. 그의 한국인 환대에 반갑고 고마워서, 평소보다 조금 더 얹은 팁으로 보답했다. 정말, 킬리만자로산 봉우리에는 눈이 있었 다. 아프리카에서 눈을 보다니 신기했다. 한데, 생각보다 산은 높아 보이지 않았다. 그도 그럴 것이 우리가 이동하는 동안 서서히 고도가 높아져 산 가까이 왔을 때는 서 있는 평지와 산봉우리의 고도차이가 생각보다 크지 않아서 실감이 나질 않았다.

킬리만자로산 정상을 오르려면 일반적인 코스도 며칠은 족히 시간적 여유가 있어야 가능하였다. 사업의 여정도 바쁜 우린 그냥 공원 입구에서 사진 몇 장 찍는 것으로 만족해야 했다. 이곳 킬리만자로 주변은 관광객이 많으니 돈도 돌고, 좀도둑이 많다고 한다. 그러고 보니 주변에 꽤 괜찮은 주택과 호텔들이 보였다. 우리 사업을 통해 생고생(?)처럼 사업활동을 하는 모로고로 팡가웨 마을주민들이 왠지 더 측은하게 느껴졌다.

그리고 몇 달 후인가. 한 코이카 봉사단원이 협업을 위해 며칠간 우리 사업소에 머무른 적이 있다. 그런 그가 휴가를 겸하여 킬리만자로 산을 다녀온 그다음 날 출근한 사무실에 그가 갑자기 복면하고 나타났던 것이었다. 웬일인가 물었더니, 얼굴을 가린 손수건을 살짝 들추어 보여주었다. 얼굴 피부가 심하게 벗겨져 있었던 것이었다. 그는 며칠 동안 산에 머물면서, 피부보호를 위한 선크림을 바르지 않고 산행에 나섰다가 불상사를 입었던 것이었다.

탄자니아 사업을 겨우 마치고 귀국 후, 한동안 잊었던 킬리만자로가 국내 신문기사에 난 적이 있었다. 지구 온난화로 산봉우리에 조금 남아있던 눈도 거의 다 녹아버렸다는 것이다. 이로 인해 킬리만자로산 밑에 있는 커피 농장에 필요한 농업용수도 고갈되어 커피밭이 거의 황폐해졌다는 내용의 기사였다.

가슴속의 향수 같은 기억들은 봉우리가 사라진 흰 눈 때문에 잿빛 속살을 드러낸 것처럼 내 향수도 황량하게 변해버렸다.

3. 평온한 우루구루 산

우루구루(Uluguru)산은 탄자니아 모로고로 시(Morogoro city) 남쪽에 우뚝 서 있다. 사실, 탄자니아 수도 다르에스살람에서 우루구루산이 있는 모로 고로는 4시간 이상을 차로 열심히 달려야 겨우 도착할 수 있는 곳이다. 지루하게 달리는 차 안에서 모로고로 시에 도착할 때까지 구릉이나 산을 본 적이 없다. 그냥 주위가 밋밋하여, 하염없이 들판을 바라보는 게 전부다. 도로변 쓰러질 듯하게 허름한 가게들의 간판엔 펩시콜라 그림이 그려져 있다. 아마도 펩시콜라가 자기 제품광고를 위해 후원했나 보다.

주민들은 일상에서 펩시콜라 병을 늘 입에 물고 밥처럼 마신다. 하지만 당뇨가 생기기 전엔 나도 즐겨 마셨던 코카콜라는 찾아볼 수 없었다. 식사도 골고루 제대로 하지 못하는 사람들이 건강을 생각한다면 그렇게 할 수 없을 텐데, 정말로 콜라는 중독성이 있나 보다.

모로고로에서 다르에스살람까지 달리는 동안 휴게소를 두 군데 정도 만날 수 있었다. 휴게소는 그래도 활기찼다. 다른 도시로 향하는 버스가 도착하면, 옥수수를 구워 파는 청년들이 버스 안의 승객들에게 간식거리를 팔려고 뛰어다닌다. 한번은 어린 소년이 산 닭의 날개를 움켜쥐고 들어 올린 채 내게 와서 닭을 사란다. 기름에 튀긴 닭 조각이라도 팔면 사줄 수 있는 데, 안타까웠다. 어찌 설명도 못 하겠고 웃으며 저리 가라고 손짓만 했다.

이동 시에는 한국에서 배로 도착한 국산 업무용 차를 이용했다. 만약 고장이나 차가 접촉사고라도 날라치면, 실제 정품의 부품을 구하기 어렵기에 조심해야 했다. 그런 나의 마음을 운전사가 알기나 할까.

그렇게 한참을 달리다 보면, 좌측 먼발치부터 꽤 우뚝 서 있는 우루구루산이 보이기 시작한다. 모로고로 시에 거의 도착했다는 신호이다. 그 산이 보이기 시작하면, 이제야 지루한 여행에 벗어나 제법 마을이 형성된 모로고로에 도착한다는 안도감이 있었다.

하지만 이곳에서는 유난히 사업활동이 마음먹은 대로 되지 않아서, 지내는 동안 편한 날이 많지 않았다. 우루구루산과, 모로고로 호텔, 그리고 세계에서 이용료가 제일 쌀 것 같은 9홀짜리 골프장이 그나마 내게 큰 위안이 되어주었다.

영국이 아프리카 식민지 지배할 당시, 웬만한 큰 도시엔 골프장을 잘 조성해놓았다. 탄자니아도 영국의 지배 하에 있었기에 괜찮은 골프장들이 만들어져 있었다. 그래서, 할 일 없는 주말에 골프를 하면 운동도 되고 시간 소비의 장점도 있었다. 워낙 사용료를 싸게 받으니 그 돈 받아서 잔디관리를 할 정도도 안 되고, 물도 귀하니 잔디를 관리할 형편도 안될 것 같았다. 특히 건기엔 잔디 중간중간은 맨땅이 훤히 드러나 있다. 골프 공의 비거리가 워낙 짧은 나는 이런 메마른 운동장에서 큰 혜택을 본다. 내가 친 공은 하늘을 잠시 날았다가 땅에 닿으면 다시 튀어 오른 후 잘도 굴러 갔다.

그린은 검은 흙으로 덮여 있었다. 퍼팅(putting)을 하면 공의 궤적이 땅 위에 그대로 남는다. 그러니, 내가 공을 어떻게 쳤는지 그 흔적을 볼 수 있어 신기했다. 이곳은 캐디가 남자였다. 주중에 일이 있어 시내를 나가니 거기서 열심히 신문 파는 캐디 청년을 만날 수 있었다. 주중엔 시내에서 일하고 주말엔 골프장에 몰려가서 캐디를 한다. 그러니 캐디들은 늘 땀에 젖은 작업복 차림이다. 우연히 공이 잘 맞은 날은 캐디에게 최고라고 치켜세울 때면, 그는 어김없이 "펩시"를 외치면서 하나 사달란다.

우두커니 앉아 있는 원숭이

　운동을 오후에 하는 경우도 생긴다. 그럴때는 가끔, 산에서 내려온 원숭이가 석양이 지는 우루구루산 아래 골프장 구석 버려진 고목 위에 우두커니 앉아 있는 모습. 까마귀 떼가 날다 까만 그린에 겨우 올라간 내 공을 쪼고 있는 모습. 한번 공을 쳐놓고 다음 홀로 걸어가는데 새끼 살모사가 고개를 바짝 들고 서 있는 모습. 이런 모습들을 품고 있는 것이 우루구루산을 만날 수 있다.

　해가 산 위에 걸쳤다가, 이내 숨어버릴 때 더 운치가 있다. 그때는 지구 반대편에 떨어져 있는 가족 생각도 더 나게 마련이다. 주변이 어두워지기 시작하면 운동도 끝난다. 오두막처럼 만들어진 소박한 휴식 공간 겸 식당에서 맥주와 닭튀김을 시켜놓고 동료와 주중에 있었던 사업활동의 이슈를 되새기다가 이내 숙소로 돌아온다. 덩그렇게 큰 숙소는 한적한 시골의 깊은 밤만큼이나 적막하여 잠자기엔 그만이었다.

4. 해안절벽의 씨 클리프(Sea Cliff) 호텔

탄자니아에 씨 클리프(Sea Cliff) 호텔이 있었다. 인도양을 바라보는 해안가 절벽에 있다. 그 당시 수도인 다르에스살람엔 이보 다 더 좋은 호텔이 몇 개 있는데, 난 이 호텔이 더 마음에 들었다. 씨 플리프(Sea Kliff)는 다른 나라 전문가로 일하는 내 직장 동료의 이메일 일부 주소다. 이름 속의 'C'와 'K' 철자는 하나씩 다르지만 한국식 발음은 같기에 이 호텔에 들를 때면 가끔 그가 생각나기도 했다.

그는 솔직하나 거침없는 전형적인 경상도 사내다. 그래서 기술적인 일은 본인이 옳다고 생각하면 남과 타협 없이 밀어붙이는 고집스러운 성격이다. 그런 점은 나와 많이 다르다. 난 그런 점이 그의 장점이라 생각한다. 또한, 기술적 경험을 바탕으로 하는 주장은 사업활동의 강점이 될 수도 있다.

이 호텔엔 몇 가지 사연이 있다. 4성급 호텔이어서 조금 비싼 편이지만, 당시 아프리카 고급호텔에 비해서는 아주 비싼 편은 아니었다. 호텔 내부, 아침 조식도 괜찮았지만, 무엇보다도 정원이 내 맘에 들었다. 절벽 위 해안 바로 앞에서 바라볼 수 있는 인도양이 정원 위치다.

한때 침팬지 연구로 유명한 영국의 제인 구달 박사가 이곳 호텔에서 머물렀다 한다. 호텔 1층 로비에 이 호텔에서 묵은 적이 있는 전임 미국 대통령 사진 옆에 그녀의 사진이 나란히 걸려 있어서 알게 되었다. 인간의 생계 활동은 그들만의 독특한 전통과 문화에도 영향을 받기도 한다. 난 그래서 언제부턴가 제인 구달과 같은 문화 인류학자들을 동경하게 되었다.

어느 날 저 멀리 한국에서 아내가 왔다. 마침 다르에스살람 건설업체 본사에서 회의가 있었다. 이틀에 걸친 전투같이 처절한 회의가 있었다. 동료들과 함께 회의하고 작업하는 바람에 난 시간을 낼 수가 없었다. 아내는 이틀 내내 경치가 유난히 아름다운 이곳의 호텔 방안에 혼자 머물면서도 싫은 내색 한번 하지 않았다. 그러다가 한국에 홀로 귀국하여 집에 도착하자마자 그만 눈물을 쏟아 냈다고 전해 들었다. 이 호텔은 전문가들이 탄자니아에 처음 도착하거나, 힘든 일을 마치고 전문가가 귀국할 때면 그간의 노고를 위로하는 장소로도 활용했다. 야외 절벽에 만든 식당에서 사업지구인 모로고로 시(Morogoro City)에는 없는 씨푸드를 시켜놓고 인도양을 바라보며, 그간의 에피소드를 풀어내면서 맥주를 음미하는 장소였다. 떠나는 이나 머무는 이나 생각에 잠기게 하는 장소였던 셈이다.

탄자니아 다르에스살람 씨 클리프 호텔

해변에 자리 잡아 인도양을 바라보면서
마시는 맥주 한잔이 일품이다.

난 바다를 좋아한다. 그냥 하염없이 앉아서 바라만 보는 것도 좋다. 이때, 가족을 생각할 때면 머릿속에서도 한참을 떠올려야 할 정도로 시간이 더 걸리는 듯했다. 파도를 치며 대륙을 건너고 건너야 겨우 집에 도착할 수 있는 원양어선 배처럼. 인도양 해안가에서 아시아 쪽을 바라보며 하는 집 생각은 그렇게나 아득했다.

5. 감성적인 마뿌또(Maputo) 해변

과테말라 사업에서 귀국한 지 얼마 안 된 어느 날이었다. 사무실에서 사업개척을 위해 아프리카개발은행(AfDB) 홈페이지를 뒤적였다. 모잠비크 정부가 발주하는 농촌개발 관련 사업 컨설팅 업체 모집 공고를 찾았다.

아프리카에서 불의의 사고로 지금은 고인이 되어버리신 당시 팀장의 어정쩡한 허락을 받고 입찰의향서(LOI)를 이메일로 보냈다. 그로부터 몇 개월 후 아침마다 습관적으로 체크 하는 이메일 박스를 열어보니, AfDB로부터 입찰초청 서한이 도착하였다.

그런 곳에서 사업을 수주할 수 있겠느냐는 팀장의 반신반의한 물음을 뒤로한 채 컴퓨터 가방 하나 둘러메고 아프리카로 향했다.

모잠비크는 그때만 해도 우리나라 대사관도 없어서, 주변 국가에 있는 한국대사관에서 외교적인 관리를 하는 정도였다. 사실 겁도 조금 났다. 늘 공적인 업무나 출장으로 다니면서, 주로 한국대사관 정도는 있는 나라를 갔었기 때문이다.

모잠비크는 한때 포르투갈의 식민지여서 그런지 포르투갈어를 국가 언어로 쓰고 있었다. 난 과테말라에서 배운 어설픈 스페인어를 사용해서 그럭저럭 서로 이해할 수 있었다. 모잠비크는 해안이 길고 아름답다. 아프리카의 칠레라는 별명도 있다. 수도인 마뿌또는 해안 근접하여 있는데 남아공 국경과도 가까웠다.

남아공 유지들이 주말이면 미리 사 놓은 해안가 별장에서 쉬다가 다시 본국으로 돌아간다고 한다. 해안가에 늘어선 해조류 식당과 유난히 한적한 바닷가를 거닐어 보니 그럴 맘이 생길 수 있겠다 싶을 정도로 아름다운 곳이었다.

함께 컨소시엄Consortium 하여 입찰서를 제출할 현지 업체 사장을 만나고 아프리카개발은행 마뿌또 사무소도 들렀다. 저 멀리 한국에서 왔다 하니, 무척이나 반겼다.

현지 업체 사장을 저녁 식사에 초대하여 해변에서 식사를 했다. 그와 얘기를 나누며 어두운 바닷가를 바라보니 주변을 환하게 빛내면서 근해에 떠 있는 큰 배가 있었다.

그에게 무슨 배냐고 물었다. '양식 새우를 일본으로 실어 나르는 배'라고 한다. 일본은 무상원조 사업을 통해 새우양식 기술을 이 나라에 전파하고, 그렇게 전수한 기술로 양식한 새우를 아주 저렴하게 일본으로 실어나르고 있었던 것이었다. 일본은 국제개발협력사업을 철저히 상업적으로 이용하는 것 같았다. 그들은 평소 성향답게 '철저하게 국익과 일치하게 공익적 ODA 사업을 관리한다'라는 생각이 들었다.

현지 한국교민도 없는 것 같았다. 일단 날이 어두워지면 마뿌또의 시내도 전력 사정도 안 좋아 그런지 주변이 어둑해서 사고의 위험이 있다. 호기심에 둘러보고 싶어도, 머나먼 땅, 아무도 날 보호해주지 않는 곳에서 나는 도둑이나 강도의 표적이 될지도 모를 일이기 때문에 업체 방문이나 회의, 관공서 출입으로 업무를 마치고 식사도 혼자서 해야 했다.

점심식사는 렌트 운전사와 함께하는 경우도 있었다. 운전사에게 근처 괜찮은 식당을 가자고 했다. 한국이나 외국이나 운전사들은 웬만한 맛집들은 다 경험하고 아나 보다. 나는 업무로 해외에서 현지 사정을 잘 모를 때면, 위생상태도 고려하여 식사를 주문하기 위해 메뉴 중에서 음식값도 중간 정도 하고 되도록 기름에 튀긴 것들을 주문한다. 습관같은 내 주문이 끝나자, 이제 나와 안 지 몇 시간 되지도 않은 운전사가 넉살도 좋게 제일 비싼 음식을 주문하였다.

아마도 서양 사람이었으면, 같이 식사하자고 권하지도 않고 따로 식사했을텐데 속으로는 씁쓸해도 한국문화에 젖어있는 엄연한 한국인으로서 그냥 베푸는 게 속 편하리라. 하지만, 다시 생각해 보니, 운전사로부터 자잘한 심부름도 요청하기도 한다. 휴대폰 유심칩 구입, 세상 물정 및 근처 상황에 대한 귀동냥 등 이런 부가적인 서비스가 값이 될 수 있다고 생각하니 괜한 생각을 했나 싶다.

이런 낯선 나라에 출장을 가면 렌터카를 호텔에서 소개를 받는다. 돌아다니는 택시보다 호텔에서 소개해 주는 택시가 그나마 안전할 것이라고 생각했기 때문이다. 괜히 손님이 사고라도 나면, 호텔에도 안 좋은 소문이 나리라.

방문 약속이 펑크 난 어느 날 점심, 난 운전사에게 수산물시장으로 가자고 했다. 해변이니, 싱싱한 수산물들이 있을 것 같았다. 허름하고 낡은 비린내가 온통 배어있는 수산물시장이었다. 작은 생선 점포들이 정사각 형태로 널찍한 공터를 에워싸고 있었다.

손님은 공터 한가운데 서서 가게를 선택하고 구경하다가 맘에 드는 가게로 다가가서 해물을 선택하게 된다.

두리번거리다가 한 가게로 들어서니 마침 새끼줄로 묶어놓은 살아있는 게를 발견했다. 난 큰 게 두 마리를 손으로 가리켰더니, 선택된 게들은 가운데 요리 전문 식당 주인의 손으로 바로 넘어갔다. 칩시(감자튀김)를 추가로 주문했다. 게들은 불쌍하게도 바로 뜨거운 찜통으로 직행했다. 지금은 그 시장은 어떻게 변했는지 나도 모른다. 국내에서 게를 볼 때면, 비싸서 서로 눈치 보고 먹는 판에, 그 당시 워낙 값이 싸고 입안에 행복을 주었던 마뿌또의 수산물시장의 기억이 가끔 떠오른다.

모잠비크 마뿌토 해안가의 아이들

천진난만한 아이들의 물놀이가 인상적이다

6. 앙골라 숨베 시(Sumbe city) 해변

앙골라(Angola)는 아프리카 대륙의 중서부에 위치해 있고 수도는 루안다(Luanda)이다. 하지만 제노사이드(Genocide)라는 슬픈 역사를 가진 나라, 르완다(Rwanda)라는 국가 이름과 혼동하기 쉽다. 앙골라도 전 세계가 약탈과 점령으로 점철되는 세계전쟁의 시대에 포르투갈의 지배를 받아서 그런지 국가의 언어는 포르투갈어였다.

한국수출입은행 자금을 활용하여 3천 헥타르에 이르는 대규모 면화 단지와 주거지역을 함께 개발하는 농업개발사업의 타당성 조사가 있었다. 난 농촌개발 분야의 과업을 맡아 약 두 달간 그곳에 머물게 되었다. 사업지역은 루안다 수도에서 거의 반나절 해안가를 따라 남쪽으로 달려야 나오는 해안가에 자리 잡은 숨베 시(sumbe city)였다. 숨베 시 입구로 들어서자 마주보이는 언덕에는 조그만 양철 집들이 다닥다닥 붙어 있었다.

바닷가라 그런지 모기가 많았다. 본래 습한 곳은 곤충들의 천국이다. 아침 식사는 주로 저녁 퇴근하면서 허름한 빵 공장에서 갓 구워낸 소박한 빵을 사서 해결했다. 아침엔 식빵에 잼을 발라 때웠다. 이때, 남미에서 수입한 조그만 사과와 탈지분유로 만든 우유 한잔을 곁들였다.

이런 곳에서의 밤은 딱히 할 일이 없다. 돌아다닐 만한 장소도 없어 대개 일찍 잠자리에 든다. TV 프로그램 중에서 볼만한 것은 유럽 프로리그 축구 정도다. 포르투갈산 포도주가 많이 수입되었다. 난 그리 술을 좋아하지 않지만 그래도 몇 모금 마셨다. 술은 몸에 열을 만들어 낸다. 모기들이 좋아하는 순간을 일부러 만드는 것은 아닌데, 달려드는 모기를 피해 이내 모기장으로 직행한다.

숨베 해변은 모래사장이 거의 없이 큰 파도가 몰려오는 보기에도 좀 위험스러운 바다였다. 이곳에서 팀리더를 맡고 있던 직장 동료는 가끔 수영을 했다. 그의 실력은 어릴 적 그의 고향 남해 해안가로부터 나온 것 같다.

해변 언덕, 가장 높은 곳에는 조그만 교회가 있었다. 그곳이 인도양을 바라보기엔 제일 좋은 위치였다. 그래서 포르투갈 사람들이 지역민 포교와 그들의 영혼의 평온을 갈구하기 위해 이곳에 교회를 세웠던 것 같다. 이른 아침 동네 한 바퀴 도는 습관은 이곳에서도 계속됐다. 허름하게 변해버린 교회 앞마당에 낡은 나뭇가지 묶음의 빗자루로 정성스레 마당을 쓸고 있는 흑인 할머니가 있었다. 어찌나 정성스럽게 비질을 하는지 그녀의 모습이 인상에 남는다.

12월 중 크리스마스가 가까이 오는 날이었다. 앙골라는 12월이면 여름 한가운데라서 오히려 상당히 덥다. 신기했다. 그런 뜨거운 여름에 이곳 교회는 크리스마스를 어떻게 지내나 궁금했다. 그런데, 연말이 다가오자 교회 앞마당에 크리스마스트리가 서 있지 않은가. 트리 위엔 흰 눈도 보였다. 목화솜으로 만든 눈이 장식되어 있었다. 그곳은 목화가 많이 나는 고장이었다.

해외에 있으면 특별한 휴일이나 명절이 되면 더 집 생각이 난다. 이곳 사업 규모가 제법 커서 사무실을 여러 개를 만들어 놓은 곳에서 근무했다. 그 덕분에 동료들과 해안 언덕 위 조그만 교회처럼 목화솜으로 트리를 장식해놓고, 늘 이야기하는 주제인 해묵은 해외사업 에피소드를 다시 꺼내어 이야기하며 즐거운 저녁 시간을 보냈다.

7. 초콜릿 고향, 가나

아프리카 가나 하면 초콜릿이 생각난다. 어릴 적부터 보았던 가나 초콜릿이 지금도 시중에서 팔 정도로 그 초콜릿은 우리들의 사랑을 받고 있다. 한때 해외 출장 중 마을 조사를 위해 현장에 갈 때, 인근에서 식사하기가 마땅한 곳이 없거나 할 때를 대비해서 간식거리로 초콜릿을 준비해 가기도 했다.

국내에서 근무하던 어느 날 초콜릿의 나라, 가나 농식품부 장관 일행이 한국을 방문하는데 안내를 하라는 지시를 받았다. 일행을 모시고 2박 3일간 한국의 농촌현장 방문을 하게 되었다.

달리는 차 안에서 장관과 일행들에게 단편적이나마 내가 목격한 한국 농촌개발 사례들을 설명해 드렸다. 그는 나의 단편적인 설명에도 주의를 기울이고 이해하려고 노력했다. 한 현장을 둘러보고 다른 장소로 이동할 때면 방문한 느낌에 대한 질문에 답하는 형식이었다. 이와 더불어, 난 그동안 내가 해외에서 경험했던 농촌현장에 관한 이야기도 곁들였다.

그는 상당히 사려 깊은 분이었다. 개발도상국이 농촌발전의 성과를 내기 위해 정책을 만든다고 하더라도 계획을 실행에 옮긴다는 것은 쉽지 않을 것 같다는 생각이다. 어떠한 정책이라도 막상 현장에서 실행하기 위해서는 예산과 역량있는 전문기관이나 인재들이 있어야 하기 때문이다. 어쩌다 개발협력 대상국의 높은 위치에 있는 공무원들을 만나면, 대개 비슷한 고민을 털어놓는다. 특히나 한국의 농촌현장을 보게 되면 부러워하는 이들이 많았다.

저녁 식사로 충북의 한 식당에 도착했을 때, 한국 측 일행 중의 한 사람이 지역 특산품으로 포도주를 갖고 나왔다. 세계대회에서 상을 받은 포도주란다. 우리나라에서 생산된 포도주 품질이 그 정도 수준일 줄 몰랐다. 그날 저녁 난, 마트에 들러 평소 애용했던 가나 초콜릿 한 묶음을 사다가 귀국선물로 드렸다. 아마도 초콜릿 원료는 가나에서 수입했을 수도 있다. 당시 가나 장관은 초콜릿 원료를 전 세계에 수출하고 있다고 얘기했다.

　자국에서 농산물 원료가 수출되어 다른 나라에서 완제품으로 만들어져, 다시 가나로 역수입되는 것은 초콜릿뿐만이 아니란다. 안타까운 얘기는 계속 오갔다. 그러고 보니 가나는 정치적으로도 안정되어 있어, 국제개발협력사업도 활발히 이루어지고 우리나라 교민들이 한때 수산업으로 크게 성공한 사례도 있다고 들었다. 공항에서 그를 배웅하니, 그는 한국을 떠나면서, "한국농촌을 이해하게 해주어 고맙다"라는 인사를 들었다. 그는 다시 웃으면서, 가나에서 보자고 하는 것 아닌가. 난 그가 그냥 인사치레로 말하는 줄 알았다.

　얼마 지나지 않아 그의 말대로 나는 동료와 함께 가나에 도착하게 되었다. 수도 아크라에 도착하니 상당히 습하고 더운 기운이 온몸을 감쌌다. 그런데, 한국에서 보지 못한 장관 사무실의 직원이 차를 가지고 마중 나왔다. 한국에서 만났던 그 장관은 미국에 회의차 갔다고 했다. 우리 일행을 위해 그녀의 안내로 각 부처 장관들과 면담도 주선해주었다.

　나중에야 알게 되었지만, 양국 간의 VIP 방문이 있어서, 농촌개발 사업발굴을 사전에 하는 준비작업을 맡은 것이었다. 그래서 그런지, 가나 측의 농식품부뿐 아니라 다른 부처 공무원들도 전문가 자격으로 방문한 우리를 예우해 주었다.

회의를 마치고 관련 정부 일행과 함께 후보 사업 현장조사에 나섰다. 현장 조사결과를 정리한 후에 가나 정부와 실무회의 등을 마치고 귀국하는 일만 남았다. 그런데, 마지막 전 날 오후 그들은 현장을 방문한 결과를 회의장에서 발표해주길 바랐다. 난 그들의 요청을 받아들이면서도 후보 사업에 대한 사업내용도 서로 합의를 하는 단, 계였는데, 굳이 발표를 원하니 부담이 되었다. 체재하는 동안의 친절함에 보답이 되어야 한다는 마음에 발표내용도 고민되었다.

가나 농식품부 장관이 한국에 방문했을 때, 흥미를 느꼈을 만한 한국의 농촌발전 흐름에 더하여 내가 경험한 해외 농촌 지역 개발사업 사례를 곁들여 밤늦게까지 프레젠테이션을 만들었다. 날이 밝자 제법 많은 공무원이 나의 발표를 듣기 위해 참석해 주었다. 준비한 프레젠테이션은 우리에겐 평범한 글이나 사진이었지만, 그들에겐 그들 농촌의 미래가 우리나라 농촌처럼 발전되었으면 하는 흥미를 느꼈을지도 모를 일이다.

이제 한국으로 돌아가야 하는 시간이 되었다. 가나 수도 아크라 공항에 도착하기 전에 시내 상점에서는 진짜 가나 초콜릿을 볼 수 있었다. 난, 평소보다 많은 초콜릿을 귀국선물로 샀다. 가나에서 산 초콜릿은 진품이라 그런지, 유난히 진한 본래의 향을 간직한 초콜릿 맛이 기억에 남는다.

8. 대륙의 기운, 몽골

과테말라 사업 PM으로 중미(Central America)로 출발하기에 앞서 몇 번의 몽골 출장을 다녀올 기회가 있었다. 비행기가 수도 울란바토르 공항에 가까워질 무렵 아래를 내려다보니 수도를 둘러싼 산들이 온통 흰 눈이 덮여 있었다. 한국의 봄날 4월에 도착한 울란바토르는 우리나라 겨울처럼 여전히 추웠다.

거리의 카페, 음식점 들에서 빠져나오는 연기와 저 멀리 굴뚝에서 뿜어져 나오는 연기는 도시의 하늘을 잿빛으로 만들고 있었다. 울란바토르는 석탄을 난방 연료로 사용하고 있었다. 길바닥에는 아직도 녹지 않은 얼음이 여기저기 남아있어 조심스레 걸어야만 했다.

몽골을 생각하면, 두 명의 사람이 생각난다. 한 사람은 울란바토르 시내 박물관에 위압적으로 동상으로 우뚝 서 있는 칭기즈칸이다.

그 동상을 보면서, 과거 세계를 호령하고 차지했던 몽골의 기운이 이젠 쇠퇴해지고 현재의 몰락을 보는 것 같아 세월의 무상함이 밀려오는 느낌이었다. 박물관에 걸려 있는 그림들을 감상하던 중에 유난히 내 눈을 끌었던 그림 한 점이 있었다. 그 그림 한가운데에 푸른 언덕에 앉아 하늘에 붉게 떠 있는 해를 바라보고 있는 소년의 모습이 잊히지 않는다. 소년의 해처럼 붉은 꿈이 칭기즈칸과 같은 인물을 키워내고 한때 세계를 정복할 수 있게 했을까.

울란바토르 휴일, 인근 국립공원 안의 유목민 숙소, 게르에서 하룻밤을 묵은 적이 있다. 말도 타 보았다. 처음 타 보니, 긴장해서 그랬는지 말에서 내릴 때 잠시나마 걷지 못할 정도로 다리에 통증이 왔다. 동료들과 게르 안에서 몽골 전통 식사를 마치고 한밤중에 나와 보니 하늘 전체가 곧 쏟아질 듯한 크고 작은 빛나는 별들로 가득했다. 언젠가는 연해주와 몽골을 함께 거쳐오는 출장을 간 적도 있었다. 그곳의 지방정부와 농업협력을 협의하는 자리였다. 대개 중앙정부 사람들보다는 오히려 지방 시골 사람들이 더 적극적인 관심을 표하는 경우가 많았다. 서로의 덕담 끝에 양 기관 사이의 협력 다짐과 공동 발표문에 서명한 후 인근 민둥산 꼭대기 위로 우리를 안내했다. 돌담을 쌓아 놓고 형형색색의 깃발이 펄럭이는 산꼭대기에 올라 그 지역을 소개한 후, 내려와서는 한 호텔 식당에서 독한 술을 겸하여 덕담이 오갔다.

이젠 주위가 어둑해지기 시작하였다. 들판에는 제대로 길이 나 있지 않으니 어두워지기 전에 서둘러 울란바토르로 귀환해야 했다. 눈 위로 차가 달리기 시작했다. 한데, 옆으로 질러왔는지, 좀 전에 사무실에서 본 그분들이 우리의 가는 길 앞에 서 있지 않은가. 옆에는 호텔에서 전통악기를 연주했던 분들도 함께 악기를 들고 눈 덮인 벌판에 서서 우리를 기다리고 있는 듯했다.

눈 위에서의 전통악기 연주, 그리고 모닥불을 피웠다. 갈 길이 바빴지만, 그 추운 눈 위에서 전통악기를 들고 있는 모습에 그만 거절할 수 없어 차를 멈추어야 했다. 차에서 내리니 금방 한기가 온몸을 파고드는 상황에서 권하는 보드카 몇 잔을 한순간에 들이켜니 움츠렸던 몸이 붉게 달아오르기 시작했다.

분에 넘치는 그들의 환송을 뒤로하고 흰 눈으로 덮은 산과 벌판을 전속력으로 질주할 때 서쪽으로 기우는 태양은 산과 대지를 온통 붉게 만들었다. 갑자기 미술관 그림 속의 소년이 떠올랐다. 초원에 앉아 이글거릴 정도로 붉은 태양을 바라보는 그 야망에 찬 소년이 눈 덮인 대지 위에 앉아 있는 듯했다.

몽골 수도 울란바토르 귀환 길의 서쪽 붉은 하늘

한번은 몽골의 동쪽 끝을 가본 적이 있었다. 몽골 동쪽 국경엔 할흐골(Khalkhgol, Dornord province)이라는 지역인데, 이곳이 ODA 사업 후보지였다. 울란바토르에서 할흐골은 1박 2일 동안 차로 전속력으로 이동해야 겨우 도착할 수 있었다. 이런 먼 곳을 여행할 때는 초원과 벌판이 번갈아 가며 뚜렷이 길이 나 있지 않은 곳도 헤쳐나가야만 한다. 따라서, 경험 있는 운전사와 사륜구동의 튼튼한 차가 아니면 엄두 내기가 어렵다.

또한, 출장팀 인원과 통역을 고려하고 출장자 가방까지 실어야 했으니 사륜구동차 네 대가 함께 출발해야 했다. 평소, 초원을 달릴 때면, 최소 2대 이상이 출발해야 중간에 무슨 일이라도 생기면 대처할 수 있다고 한다. 이동 도중에 식사 해결을 위해 준비한 것 이외에 게르(몽골 유목민의 집)에 들러 미리 연락해 놓은 양고기로 배를 채웠다. 이곳 초원에서는 채소가 드물어 삶은 고기 위주로 식사를 해야 했다. 달리고 또 달려도 황량한 들판엔 변화가 없었다.

출장을 마치고 귀국하는 비행기 안 바로 옆좌석엔 머리를 길게 길어 머리카락을 뒤로 묶은 한 건장하고 수려한 청년이 앉아 있었다. 몽골인 같았다. 그 차림새나 용모가 남달라 보였다. 난 그에게 말을 걸었다.

그는 제주도에서 서커스단원으로 말타기를 하는데, 그래서 제주도에 가는 중이란다. 그는 '제주도가 친근하고, 살기 좋은 곳'이라 했다. 할머니, 할아버지들이 몽골 언어를 섞어 쓰셔서 좋다'라고 이야기했다. 그의 첫인상은 같은 남자지만 참 멋지다 하는 느낌도 잠깐이고, 그 당시 우리 조상이 얼마나 큰 고초를 당했을까 생각하니 은근히 화가 났다.

그런 몽골이 지금은 워낙 인구도 적고 우리나라와는 상당한 거리가 있어 그런지 지금은 우리나라와 우호적인 관계만 남은 느낌이다. 이렇게 멀리 떨어져 있어야 서로의 마음은 더 가까워지는 걸까.

9. 베트남 홍강(Red River)과 국경도시 라오까이(Lao Cai)

베트남 하노이에서 출발해 북쪽으로 홍강(Red River) 줄기를 따라 한참이나 달린 후에야 중국국경과 접한 라오까이시에 도착할 수 있었다. 나는 라오까이시 입구에 들어서자마자 조성된 관공서 거리의 규모를 보고 놀랐다.

농촌개발사업을 이런 곳에서 해야만 하나 할 정도로 라오까이시(City) 입구의 관공서 거리는 규모가 꽤 크고 길었다. 시를 조성하면서 입구에서 시로 들어서는 길 좌우로 시의 라오까이지방 행정국(Provincial Department)들이 각자 독립빌딩들을 갖고 있었다. 마치 행정도시 같아 보였다. 이런 관공서 거리를 좀 더 달리면, 이내 구시가지가 보이기 시작한다.

한국에서 베트남으로 출발하기 전에 인터넷에서 '라오까이'의 의미를 찾아보니 한자로 노가(老街)라고 표현하고 있었다. 이 지역이 역사적으로 '오래된 길(노가)'이니 아마도 독특한 전통과 문화를 간직하고 있을 것 같은 느낌을 받았다. 이런 '노가'에서 북쪽으로 조금 더 전진하면 중국과 라오까이를 잇는 홍강을 가로지르는 다리에 있는 검문소가 보인다. 베트남과 중국을 오갈 수 있는 검문소였다.

이곳에서는 사람들의 이동뿐만 아니라, 중국과 베트남을 오가는 교역품들이 빈터에 그득 쌓여 있다가 이내 사라져 버린다.

홍강(Red River)은 베트남 라오까이 북쪽에 위치한 중국 윈난성에서 발원하여 이곳 라오까이시를 거쳐 내려오면서 하노이 남동쪽으로 길고도 긴 붉은색의 1,149km의 여정을 마치고 마침내 남중국해(South China Sea)의 통킹만(Tonkin Gulf)으로 빠져나간다. 강을 따라 건설된 하노이-라오까이 간 고속도로를 무료하게 달릴 때면, 의례 주변의 논과 밭에서 일하는 농부들을 물끄러미 볼 때도 있다. 물 때 문에 고생하며 사는 아프리카 마을주민 생각도 절로 났다. 이런 풍부한 수자원의 고마움을 이 지역 사람들이 알기나 할까.

라오까이지방의 인구는 약 60여만 명이지만 그중의 약 절반은 꽤 활기찬 라오까이시에서 도시적 생계의 삶을 살고 있었고, 라오까이시를 조금만 벗어나면 전형적인 시골로 변모했다. 그런 산악지형에 갖가지 다른 언어와 풍습을 가진 25개의 소수 부족민이 산허리에 둥지를 틀고 살고 있었다. 내가 경험한 베트남 ODA 사업은 그런 소수 부족민(Ethnic Minority)을 위한 사업이었다.

라오까이시의 아침은 여느 도시와 마찬가지로 분주하다. 이른 아침부터 거리의 청소를 담당하는 손수레가 지나가면 곧 어린 학생들이 그 거리를 재잘대며 거리를 메우기 시작한다. 그 거리에 다시 오토바이와 차도 뒤섞이면서, 숙소 바로 앞 건너편의 초등학교 교문 앞이 붐비기 시작한다.

공무원들은 대부분 구시가지에서 산다. 이들은 오토바이로 달려 아침에 출근했다가 퇴근 시간이 가까운 오후가 되면 이내 가정이 있는 구시가지로 다시 거리가 오토바이 귀가 행렬로 바빠지기 시작한다. 라오까이 정부 공무원들은 일찍이도 출근했다. 약 7시 반 정도면 대부분이 관공서에 도착하는 것 같았다. 우리 사무소는 출근 시간을 8시로 정해놓고 퇴근은 5시에 했다.

라오까이시 접경지역

홍강(Red River)이 흐르는 좌측이 중국이다.

어느 날 아침, 숙소를 나와 출근을 위해 차를 기다리고 있는데, 어디서 갑자기 '쉬이~' 하는 귀에 익은 소리가 내 귀에 들렸다. 뒤를 돌아보니 어떤 아줌마가 쪼그려 앉아 아기 바지를 내리고는 아기의 오줌을 청하고 있었다. 갑자기 어린 시절의 옛날 생각이 났다. 그런 아줌마 얼굴과 마주치자 난 빙그레 웃었다. 나는 '한꿔', '한꿔'를 연발하며 한국도 똑같다는 몸짓을 했다. 이렇게 라오까이 서민들의 삶은 대부분 구시가지에서 꽃 피운다.

휴일 아침이면 어김없이 라오까이, 노가(老街, Old Street) 탐방에 나선다. 라오까이는 최근에 경제적으로 활발하고 긍정적인 변화를, 하루가 다르게 변화되고 있음이 이방인인 나에게조차 더 잘 보일 정도였다. 라오까이시 사람들은 길가 건물들의 높이는 2층 이상이면서도 상당히 실용적이면서 개방적으로 사용하고 있었다. 1층은 가게나 거실로 쓰였는데, 거실로 쓸 때도 문을 열어놓아 집안이 훤히 들여다보였다. 1층을 가게로 활용하는 건물들을 제외하고는 건물마다 휴일이면 1층 거실 바닥에 가족들이 그득히 둘러앉아 있다.

그 거실 한가운데는 영락없이 갖가지 음식을 담은 그릇과 약주가 있었다. 왁자지껄한 소리에 가족에 친척까지 모여 휴일을 즐기는 모습이 도시 속의 시골처럼 푸근하게 느껴졌다. 이렇게 라오까이시는 사람들의 활기찬 생활로 인해 도시에 빠른 변화를 몰고 오는 성장세에 있는 국경도시였다.

10. 트레킹의 멋, 사파(Sapa)

사파는 라오까이시(Lao Cai City) 남서쪽으로 약 40km 거리에 있다. 정기 버스로 약 한 시간 남짓 걸리며 산맥이 이어지는 정상 중의 하나에 개발된 군청 소재지이다. 사파는 라오까이 시와의 고도가 약 1,000m 이상 차이가 날 정도로 높은 곳에 위치해 있다. 또한, 이곳 사파 군에는 인 도차이나에서 제일 높은 산, 판시판(Pan si pan, 3,143m)이 있는 곳이기도 하다. 이 봉우리를 중심으로 최근엔 케이블카, 호텔 등이 개발되기 시작하여 이제 사파는 베트남 북부의 관광명소로 자리 잡기 시작했다.

이곳이 본격적인 관광단지로 변모하기 시작하니 하노이에서 직접 사파까지 왕복하는 직행 버스도 생겼고, 라오까이시에는 작은 봉고형 버스가 30분마다 한 대씩 있을 정도로 사람들의 왕래가 잦은 곳이 되었다. 사파를 가고 싶을 때가 있다. 주중의 이른 아침에는 한동안 공원에서 걷기도 했지만, 푸른 하늘과 논과 밭 사이를 하이킹하는 재미를 느끼고 싶거나, 그냥 떠나서 혼자 있고 싶을 땐, 이곳 사파를 찾는다. 이곳은 프랑스가 베트남 북부지역을 점령했을 때, 전략의 요충지로 삼아, 프랑스식 건물도 제법 눈에 띄고, 조그만 선물 가게와 호텔 들도 제법 많아 관광객을 유혹한다. 관광객 중에서는 특히나, 프랑스 사람들을 많이 볼 수 있었다. 그들의 옛 향수라고나 할까.

일요일마다 미사가 열리는 천주교회 옆에는 사파 정류장이 있다. 사파 정류장 건너편엔 집회나 공연장으로 사용되는 상설무대와 운동장이 있다. 그곳에서 사람들은 배구 같은 운동도 한다. 그 운동장 건너편엔 프랑스후원으로 꾸민 일종의 사파 문화원이 자리 잡고 있다.

이곳에서 사파의 프랑스 점령기 건축물 사진, 옛 사파 소수 부족민의 관혼상제, 생계형 도구 등을 작은 박물관 형식으로 꾸며 놓았다. 사파에 거주하는 소수 부족민의 공예품도 전시되어 있고, 완성한 공예품을 관광객에게 판매하기도 했다. 어쩌다 한국에서 손님이 오시면 사파를 찾고 그땐 어김없이 이곳 문화원에 들렀다.

사파에 도착하면 이내 관광객이 되어 버린 나는 트레킹을 시작하는 입구에서 입장료를 내고 걷기 시작한다. 이때부터 소수 부족민 아낙네들이 날 따라붙기 시작한다. 그들은 사파의 안내원을 자처하고 나선다. 트레킹의 일정 구간까지 같이 걸으며 대화를 유도하여 일부 수공예품 등을 보여주며 구매를 권유하게 된다. 잠시 대화를 하면서 이들의 안내를 받게 되면 미안해서라도 한두 개 사게 마련이다.

어느 한 할머니 안내원이 영어를 참 잘해 어디서 영어를 배웠냐고 물으니 관광객한테서 배웠다고 말했다. 하지만 영어 쓰기는 못한다고 한다. 트레킹 코스의 초입은 한동안 낮은 경사로 걸어 내려가는데, 한동안 걷다 보면 어느새 내 몸은 사파 정상에서 한참이나 낮은 곳에 있는 한 마을에 와있게 된다. 평소 이용했던 동네 식당에서 맥주를 간단한 점심을 곁들여 한잔하게 되면 그만 몸의 긴장이 풀려 버린다. 온 길을 돌아보니 까마득하게 높은 곳의 사파 시내까지 다시 걸을 엄두가 나질 않는다. 난 이때 오토바이 택시를 즐겨 이용했다.

이곳에서는 많은 종류의 모자, 배낭, 스포츠웨어들을 판매하고 있었다. 저렴하고 품질도 괜찮아 보이긴 했으나, 예전 캄보디아에 있을 때처럼 프놈펜 수도의 도매시장에서 훨씬 싸게 산 기억이 있어 사고 싶은 충동을 꾹 참고 있다가, 하노이 갈 일이 있을 때 재래시장에 들렸다. 그런데, 그곳 품질이나 가격이 사파의 것들과 별 차이가 없었다. 사파 에서는 다양한 스포츠 브랜드와 저렴하면서도 경쟁력 있는 스포츠웨어를 구입할 수 있었다.

사파는 라오까이시와의 고도 차이 때문에 이곳에 오면 라오까이 시내보다 서늘한 느낌을 갖는다. 산들이 연이어 겹쳐 있어 갑자기 구름이 몰려와서 비를 내리거나 바람도 심하게 불 때도 있었다. 한참이나 아래 있는 라오까이시를 내려다보거나 흘러가는 구름을 볼 때면 마음도 차분해진다. 이런 차분한 휴일의 하루해는 유난히 짧았다. 어느덧 해가 서산으로 기울기 시작하면, 라오까이시로 내려갈 준비를 한다. 사파 버스정류장에 도착하면, 정류장 앞에 늘어선 과일과 야채상 들을 잠시 둘러본다. 라오까이보다 더 다양한 과일 등을 볼 수도 있었다. 그리곤 이내 라오까이 시내로 출발하는 버스에 몸을 싣는다. 그런데, 라오까이 시내로 향하는 마지막 버스는 오후 6시면 끊어진다. 아마도 깜깜한 밤의 꼬불꼬불한 산길이 위험스럽기 때문인 것 같았다.

그렇게 사파는 생활인지 업무인지 모르는 장기 해외 파견자들에게 복잡한 머리를 잠시 비워주는 데 좋았다. 사파 주변을 둘러싸고 있는 산들 대부분은 산허리에 사는 소수부족민들에 의해 밭벼와 농작물 재배를 위한 농지로 개간되었다. 산들이 이어지는 산허리마다 소수부족민들이 지형을 살려 만든 모자이크 스타일의 다랑논들로 그득하다. 벼를 추수할 시기인 9월이 되면, 노랗게 고개 숙인 벼로 그야말로 사파 전체가 황금색으로 변한다. 이때, 국내외 관광객들의 방문이 더 많아져서 거리의 음식점이나 카페는 물론이고 관광객을 쫓아다니며 호객하는 소수 부족민도 덩달아 바빴다.

갑자기 어디선가 몰려온 구름이 사파 시내를 휘덮고 있다.
- 사파 소수 부족민 초등학교 기숙사 건축현장 언덕에서 -

11. 꽃과 구정

꽃을 사랑하지 않는 사람이 세상에 있을까. 하지만, 일상생활에 항상 꽃을 곁에 놓고 살거나 크고 작은 행사에 꽃을 늘 사용할 수 있는 나라는 참으로 행운이라고 할 수 있다. 베트남 북부의 라오까이시는 거리의 꽃과 나무로 인해 성당의 모자이크 같은 색깔을 뽐내는 도시를 만들어 내는 행운을 갖고 있었다. 도시에 젊은이가 많으니 자연히 동네 결혼식들도 꽤 흔했다. 결혼식장을 갖가지 꽃으로 장식하고 신부가 꽃 왕관을 머리에 쓰고 있으니 그 자체로 신부의 꽃 같은 아름다움을 더 빛나게 해준다.

어느 재래시장이나 흔한 꽃다발들이 거리를 화사하게 만든다.

베트남에도 구정이 있었다. 우리나라와 날짜도 같았다. 구정 기간
은 일주일여나 지속하고 거리 대부분의 상점과 시장의 국숫집도 문
을 닫으니 이때는 먹거리 준비로 살짝 긴장이 필요했다. 구정이 시작
되기 몇 주 전부터, 시골 사람들은 평소 길렀던 매화나무, 분재, 난초
등 갖가지 꽃과 나무들을 시장 근처 거리에다 천막을 치고 쏟아 내니
주변은 온통 꽃밭이다.

구정 며칠 전부터 예상치 못한 손님들을 사무소에서 맞았다. 평소
사업활동을 함께하면서 낯익고 어느 정도 친숙해진 부국장들이 직원
과 함께 사무소를 찾아주었다. 커다란 선물 바구니와 함께 평소 하지
못했던 덕담이 오갔다. 바구니 속엔 차류, 아이들이 좋아할 법한 과
자류, 어른들의 군것질거리 등 정성스러운 마음이 가득 담겨 있었다.
이런 감사의 손님들이 사무실로 찾아올 때면, 나는 커피가 아니라 따
뜻한 한국의 녹차를 대접했다.

럭키 머니(Lucky Money)도 받았다. 말 그대로 서로 부담 가지 않을 정도를 세뱃돈 같은 현금을, 복을 상징하는 문양을 인쇄한 봉투에 넣어 주는데 옛 풍습을 우리네보다 더 진화시켜 전통을 살렸다는 느낌이다.

예상치 못한 구정 선물을 받고만 있을 수 없어서 구정 며칠 전부터 사업 관련 국(Department)들을 찾아다니니 할 도리를 했다는 느낌이다. 이런 경험은 다른 나라에서의 PM생활 때는 경험하지 못했다. 이 정도의 상호관심은 진행하는 ODA 사업에 닥쳐올 수도 있는 그 어떤 어려움도 함께 해결해 나갈 수 있다는 느낌도 들었다.

구정을 해외 현장에서 홀로 지내야 할 때도 있었다. 그럴 땐, 그 나라의 인근 관광지역으로 몸을 피하는 것도 하나의 방법이다. 어느 해에는 하노이 대도시로 나가 관광 거리로 유명한 호안끼엠 근처 조그만 호텔에 투숙했다. 즉석에서 가능한 당일 투어 합류는 시간 보내기엔 그만이다. 혼자이면서도 고민 없이 식사도 해결할 수 있으니 마음도 더욱 가볍다.

호안끼엠에서의 명절이 지나가고 다시 라오까이로 귀환하는 버스는 평소보다 두 배의 시간이 걸렸다. 고속버스가 평소 들르지 않던 고속도로 인근 읍내까지 들렀다.
지루한 시간이 지나기만을 바라는 마음에 완행 같은 고속버스에 그냥 몸을 맡기면, 어린 시절로 되돌아간 듯한 서민적인 느낌 속에서 한동안 눈을 감았다.

12. 박하군(BacHa District)의 아침

박하군은 라오까이시에서 서쪽으로 약 세 시간 이상을 달려야 나온다. 이 지역은 유럽인들에게 주로 알려진 사파(Sapa)나 라오까이시와 마주한 국경을 넘어온 중국인 관광객을 포함하여 베트남 북부여행을 온 관광객들이 거쳐 가는 코스 중의 하나이다.

따스한 봄철의 거리의 꽃과 소 시장이 소수부족민들의 화려한 전통복장과 함께 어우러져 관광객을 유혹하듯 현란하다. 이 때문에, 평소엔 조용한 몇 개의 여관들이 있는 길거리에서도 유럽 관광객들을 제법 볼 수 있었다. 이곳이 관광객들에게 알려진 것도 소수 부족민의 생계 현장과 언어, 전통시장과 풍습들이 남아있기 때문이다. 소수부족민의 삶 자체가 중요 관광콘텐츠라고 할 수 있다.

베트남 ODA 사업의 대상지역이었던 박하군은 '약 114km의 도로건설', '중학교 기숙사 건설', 그리고 '두 곳의 마을 개발' 사업활동의 현장이 있었다. 난 이곳 박하군(BacHa district)에 출장을 가게 되면 대부분 작은 광장과 접한 여관에 머물렀다.

이 곳의 소수부족민들도 하나같이 온순하고 말이 없었지만, 마을 발전을 위해서면, 발 벗고 나서서 열심히 했다. 결국, 이 모든 결과는 본인들과 자녀들의 미래에 대한 투자임을 믿었다고나 할까.

마을 출장을 마치고 여관에 돌아오면 저녁은 으레, 지역에서 나는 채소와 삶은 닭 혹은 돼지고기 볶음이 주요 메뉴다. 현지 전문가들과 이런 식사를 마치면, 간식거리를 찾아 헤맨다. 계핏가루가 들어간 달달 한 국물에 새알 형태의 밀가루 반죽을 넣어 만든 간식을 시켜서 먹는 게 고작이다. 참 시골스럽다는 생각이 들었다. 두런두런 둘러앉

새벽의 햇살이 이곳을 포근하게 감싸고 있다.
이럴 땐 아침 식사 전 베트남 커피 믹스 한 잔이 제격이다.

아 한 그릇씩 후식으로 먹고는 이내 여관으로 직행한다. 다음 날 아침, 따스한 햇살이 광장을 내리쬐는 모습이 유난히 아름다웠다. 이럴 땐 여관방 앞 복도에 의자를 들고나와 모닝커피와 함께 텅 빈 광장을 홀로 바라보았다.

13. 유럽같은 안띠구아(Antigua)

과테말라 국가는 중미(Central America)에 있다. 그 나라 수도 이름도 과테말라시이다. '과테말라'라는 말에는 끼체(K'iche') 마야 토 속어로 '나무가 많은 땅'이라는 뜻이 있다. 과테말라시에서 차로 약 1시간여 떨어진 곳에 있는 안띠구아(Antigua)는 과테말라의 구 수도(Old Capital)였다. 이 지역은 화산으로 둘러싸여 있었다. 1773년에 발생한 대지진과 화산폭발로 도시가 폐허가 된 이후 북서쪽에 있는 현재의 수도인 과테말라시로 수도를 옮겼지만, 이곳 안띠구아시엔 스페인 식민지 시절 지어진 건축물들이 끔찍한 지진으로 피해입은 모습을 어느 정도 복구한 채 그대로 간직하고 있었다. 과테말라시에서 안띠구아에 이르는 거리는 해발 1,500여 미터의 고 대여서 주변이 늘 서늘하고 숲과 나무가 많았다.

커피는 이곳의 주요 특산품이다. 화산폭발이 미네랄이 풍부한 비옥한 토양을 만들어 내어 커피 품질이 좋다고 소문나 있다. 이곳에서 생산되는 커피는 우리가 잘 아는 유명브랜드 커피 회사에도 납품되고 있다고 한다.

안띠구아시에 매년 4월 부활절이 되면 예수가 부활했던 당시의 행렬 재연으로 시가지 모습이 그 옛날로 돌아간다. 거리엔 검은 수도승 복장을 하고 예수의 고난 행진을 연출하며 고난받은 예수를 위로하듯 거리에 온갖 꽃으로 장식하고 옛 전통 복장을 입은 주민들의 행렬이 계속되었다. 이런 고풍의 종교행사를 보기 위해 유럽과 미국 등지에서 관광객들이 찾았다.

중미(Central America)는 유난히 치안이 불안하다. 중미를 거쳐, 과테말라, 멕시코 그리고 미국까지 이르는 마약의 유통경로를 따라 마피아가 마약을 실어 날랐다. 한편, 과테말라도 그 이동 경로상에 있었고 이곳 주변 국가들의 고위 정치 지도자들이 마약 거래에 연루되는 등 그세력의 존재가 워낙 강하고 무섭다.

　이 지역의 불안한 치안 때문에, 나는 가급적 덜 위험한 곳에 머물기 위해 일할 때나 한가한 때에도 항상 주의를 기울어야 했다. 그 당시의 안띠구아시는 그나마 비교적 안전했던 것 같다. 주민 자치 소방대와 자경대도 조직되어 있었다. 지역민 생계를 위해 이 고풍스러운 관광명소를 지켜내려고 노력하는 것 같았다. 외부 관광객이 안심하고 찾아올 수 있도록 치안에 신경 써야 하는 사람들은 다름 아닌 안띠구아 주민들일 것이다.

　과테말라에 처음 도착했을 때, 과테말라 장관은 전문가가 스페인어가 되지 않으니 6개월간만이라도 스페인어 공부를 한 후에 사업을 시작했으면 좋겠다고 의견을 전달했다. 과테말라 정부가 코이카 나에게 권유한 사설학원이나 스페인 문화원도 이곳 안띠구아(antigua)에 있었다.

안띠구아는 제법 고풍스러운 고급호텔부터 배낭 여행족들에게도 부담 없는 서민형 게스트하우스도 꽤 많았다. 과테말라를 다시 여행할 기회가 생긴다면 안띠구아(Antigua)에서 며칠간만이라도 머무르고 싶다.

14. 어디서나 좋은 모닝커피

요즈음에는 동네 어딜 가나 커피전문점이 있을 정도로 한국인의 커피 사랑은 더욱 커지는 것 같다. 나의 커피 맛은 2000년 초부터 커피믹스로부터 시작했다. 봉지에 몇 가지 재료를 섞은 커피믹스나 회사 옥상에 설치된 커피 자판기는 동료들과의 휴식시간에 대화를 불러내기에 그만이었다.

2007년도에 과테말라에 도착했을 때, 내게 커피 본연의 향기와 맛을 일깨워준 계기가 되었다. ODA 사업의 동료로 함께 근무하게 된 현지 농업전문가, 데이지씨는 본인이 직접 커피 농장에서 재배한 신선한 커피콩을 주변 사람들에게 일부 판매하고 있었다.

유명브랜드 회사에 납품한다는 중미(Central America)의 과테말라 국가의 커피 맛을 처음 본 나는 그 낯선 맛과 향에 익숙해지는 데 꽤 시간이 걸렸다. 또 다른 동료 티나씨는 가끔 회사 인근에서 파는 우유를 타서 라떼 스타일 커피를 만들어 주기도 했다.

사업활동들이 무르익고, 마을주민들과도 대화가 점점 늘면서, 중남미 사람들의 밝고 낙천적인 정서가 나의 생활에 리듬이 익숙해지기 시작한 어느 날부턴가 과테말라 커피 향은 사무소 아침을 일깨우는 진정한 커피로 자리 잡게 되었다.

그러던 어느 날, 난 교민이 운영하는 슈퍼에서 한국의 커피믹스를 사 들고 사무실에 몇 개 갖다 놓았다. 그 맛을 본 데이지씨는 너무 맛있다고 내게 집에 몇 개 가져가면 안 되겠냐고 요청했다. 난, 평상시에 과테말라 커피를 마시다가, 가끔 봉지 커피가 생각날 때면, 그 달달한 커피믹스를 사무실에서 타서 마셨다.

과테말라의 추억을 떼어내고 귀국하기 아쉽기도 했지만, 그리운 가족이 보고픈 조국에 도착했다. 헌데, 귀국한 지 몇 달 지나지 않아 다시 사업을 위해 아프리카로 떠났다. 아프리카 커피는 또 다른 향과 맛이 있었다. 긴 휴일을 끼고 방학 때 놀러 온 아내와 킬리만자로산으로 여행한 적이 있다. 탄자니아 북부에 위치한 킬리만자로산 근처에 다다르자 저 너머 아득히 킬리만자로산 봉우리가 눈으로 덮여 있는 것을 볼 수 있었다. 예약한 펜션은 커피 농장 한가운데 있었다. 저녁 어스름하고 쌀쌀한 날씨에 펜션은 단출한 부부에게는 상당히 크고 썰렁했다. 겨우 벽난로를 지피고 간단한 식사를 마치고 소파에 앉으니 깊은 저녁이다.

다음 날 아침, 펜션 관리인은 그 농장에서 재배되는 커피는 일본에 수출되고 있다고 설명했다. 그러면서 한국에도 진출하기를 원했다. 식당에서의 모닝커피는 과테말라 커피 향과는 또 달랐다. 난, 아프리카 탄자니아에 오갈 때면, 진하면서도 담백한 깡통에 든 커피 파우더를 사와서, 지인들에게 나눠 주었다.

사업지구에 있는 모로고로 호텔에서는 한때 주말 저녁 무명 가수들 호텔 뒤편 수영장에서 기타 연주를 하며 노래를 불렀다. 곡목은 늘 비슷했다. 그래서 노래를 안주 삼아 따라 하기 좋았다. 맥주를 몇 잔을 들이켜고는 이내 숙소로 직행했다. 야간엔 불빛도 흐릿하고 마땅히 갈 데도 거의 없었다. 길거리엔 가로등도 없어 주변은 이내 어둠에 묻혀버리는 시골이었다. 결국, ODA 사업의 무게감 때문인지, 아프리카에서는 커피보다는 맥주를 더 찾은 셈인 것 같다.

그러다, 도착한 베트남 북부 라오까이에서의 아침이다. 베트남 북부에선 대부분 젊은이나 노인들은 차를 마신다. 중국국경과 접해있어 그런지 중국문화가 이곳까지 스며들었나 보다. 그래서 난, 한국의 커피전문점에서 원두커피 콩을 사서 베트남에 들어왔다. 아침엔 그 원두를 갈아서 과테말라에서의 아침을 생각하면서 마시기도 했다.

베트남은 커피를 많이도 수출하지만, 정작 베트남 북부 사람들은 녹차를 좋아했다. 시골이어서 그럴까. 그래도 한국에 다시 복귀할 때면, 제일 인기 있고 선물하기 좋은 것은 베트남 커피였다. 값도 비싸지 않고 가벼워 선물로도 좋았다.

라오까이 홍강(Red River) 주변의 한 커피숍에서

15. 전통주의 아이러니

난, 술을 잘 못 한다. 소주 한두 잔에 벌써 얼굴이 홍당무가 되기 시작한다. 그렇다고 술을 멀리하고는 싶지 않았다. 술은 정감 있고 평소 하지 못할 말도 할 수 있는 용기를 내도록 해준 적도 있어서… 라오까이에서 업무협의를 위해 공무원들이 함께 모이면 식사를 겸한 술 마시는 일이 잦았다. 술은 대개 회사 제품이 아니라, 집에서 옥수수 등 곡물로 빚었는데, 알코올 도수가 거의 보드카와 유사할 정도로 셌다. 베트남 북부의 전통주에 관한 일화다. 베트남 산간지역의 기후는 변화가 심하고 그래서 더욱 추위가 예고 없이 엄습하기도 한다. 그럴 때면 집에서 담근 술이 일종의 위안이 되었을 법하다고 상상해 본다. 주민들이나 현장공무원들이 권하는 술을 사양만 하는 것은 그들의 마음을 닫아버리는 상황이 벌어질 것만 같았다. 특히, 마을의 노인들이 권하는 술잔은 거부하기가 어려웠다.

별다른 혹한도 아닌데, 스산한 추위가 온몸을 떨게 만들 때, 난방도 변변치 않은 산중에서는 소수 부족민들에게는 술이 유일한 위안이었을 것이다. 산간 마을에서는 어렸을 적부터 술을 마셨는지 그분들은 술 몇 잔엔 끄떡도 하지 않았다.

사업 중반기에 접어드는 어느 날 엉덩이에 종기가 나기 시작했다. 약으로 대충 가라앉을 줄 알았는데, 이젠 크게 부어올라 의자에 앉아 있기도 어려운 상황이 되었다.

현지 직원과 같이 인근 병원에 갔다. 처치실로 들어가니 수술칼로 종기 부위를 몇 센티 짼 후에 그 상처 부위 안에 거즈를 집어넣는 것이었다. 마취했다고는 하는데도 처치 중의 통증이 심했다. 그냥 몸만 파닥거려야 했다.

그 이후로 술 마실 땐 수술칼이 떠올라 엄살(?)을 피기 시작했다.

그리곤 몇 주 후, 또 종기였다. 이젠 이전 종기 부위 근처에 더 큰 종기가 만들어지기 시작했다. 며칠 후면 잠시나마 한국으로 귀국하게 된다. 현지 코이카 소장은 '베트남 의사들은 상처 부위를 너무 크게 칼을 대어 차라리 귀국해서 조치하는게 좋다'라고 귀띔해 주었다. 난 귀국하는 비행기에서 의자에 제대로 앉지도 못하고 서성대야 했다. 귀국하자마자 집 근처 의원에 갔더니, 엉덩이를 본 노의사는 '이 지경이 되도록 왜 병원에 안 왔어!'라고 소리쳤다.

약국에 들러 사연을 설명하니, 약사가 '술독이 밖으로 곪아 나왔기에 망정이지, 안에서 그대로 있었으면 더 큰 일 날 뻔했다.'라고 웃으며 내게 말했다. 본국에서의 휴식도 잠깐, 다시 베트남에 파견되어 일을 시작해야 했다. 나의 종기 스토리가 소문이 났나 보다. 예전보다 공무원들과의 식사 모임에서 술 권하는 횟수가 확연히 줄었다.

사업 중반기 어느 날, 나랑(Narang) 마을에서 전통주 소그룹 지원 사업 계획서를 사무소에 제출했다. 전통술에서 겨우 회복한 지 얼마 안 된 날, 마을에서는 전통술 제조 활동을 사업으로 지원 요청한 것이다. 이내 고민에 빠져 버렸다. 먼저 공익적인 사업의 소득증대 아이템으로 과연 '술이 적절한가'였다. 하지만, 우리네 동네 슈퍼에도 특정 지방의 토속주가 판매되고 있는 것을 생각하니, 크게 문제될게 없어 보였다. 또한, 사업단은 주민들이 직접 해결하기 어려운 기술적인 사항들을 해결해 줄 것을 요청했기에 지원하기로 결정하였다.

와인 브랜드 개발, 관청의 상표등록 등의 허가업무에 경험있는 전문업체와 계약을 한 후 업무를 진행하기로 했다. 주류 정제기와 병마

개 주입기 등 2대의 장비도 지원하였다. 한편, 15가구의 와인 소그룹 소속 나랑 마을주민들은 자체 투자를 하여 부지를 매입하고, 전통주 제조장을 건축해서 준비했다. 사업단은 기술지원 등의 조건으로 전통주 소그룹은 수익 금액의 10% 상당액을 마을의 소액금융 펀드에 출연하기로 약속했고, 향후 발생 수익의 2%를 매년 마을 기금에 적립하기로 했다.

전통주 소그룹 계획은 순조롭게 진행되어 사업 후반기부터는 나랑 와인의 시중 판매까지 시작되었다. 라오까이 정부 일부 공식행사에 납품하기도 했다. 페이스북에 가끔 떠오른 소식을 보니 이제는 제법 자리를 잡은 것 같아 기쁘다. 토속주 때문에 그리도 고생했는데, 가끔 생각나는 것은 왜일까. 아마도 서로 따뜻한 마음을 주고받은 자리였기 때문이리라. 베트남에 다시 가면, 함께 고생했던 분들과 함께 다시 그 맛을 보려 한다.

나랑 마을의 나랑 (한잔) 주

좀 더 대중에게 가까이 가기 위해 도수를 낮춘 술도 출시하고
찻잎으로 숙성시켜 그런지 향이 좋았다.

16. 차분한 새벽산책

머나먼 타국에서의 생활이 일상이 되어버린 나는 새벽에 일찍 일어나게 되었다. 일단 잠에서 깨면 어쩐지 누워있기 싫었다. 저녁 식사 후에 컴퓨터를 갖고 놀다가 싫증 나면 이내 일찍 잠자리에 들게 돼서일까. 그래서 자연스레 아침 일찍 일어나게 되었다.

탄자니아, 모로고로에서의 숙소는 산 중턱에 있었다. 침실이 있는 방 옆 창문 바로 앞에 큰 나무가 있었다. 아프리카의 새소리가 유난히 클 땐 예상보다 더 일찍 일어나게 되었다. 숙소를 나와 동이 트기도 전의 어스름한 산길을 걷기 시작하면 세숫대야에 아보카도나 바나나 등을 담아 머리에 이고는 산에서 내려오는 아낙네들을 만난다. 인근 시장에 팔러 가는 길이다. 난 가끔 그 신선한 농산물을 즉석에서 사가지곤 숙소에 들어와 아침상에 놓았다.

차분히 가라앉은 아침에 걷는 기분은 유난히 기쁘다. 산책하는 동네 개들과 재잘대며 함께 학교로 향하는 유니폼을 입은 어린 학생들의 모습이 무척이나 밝다. 이른 아침의 산책은 새로운 날이 시작된다는 느낌과 활기를 주었다. 지역이 건조하고 비가 많이 오지 않는 대신에 맑은 하늘이 그 보상인 것 같았다.

베트남 라오까이의 아침은 탄자니아보다도 훨씬 더 활동적이고 분주했다. 숙소가 큰 시장 인근이라 그런지, 상인들의 오토바이가 분주히 오간다. 우리네보다 훨씬 일찍 학교에 가야 하는 어린 학생들과 직장인의 활발한 오토바이 움직임이 부산하다. 숙소를 나와 걷기 위해 공원으로 들어가려면 가끔 행사가 열리는 광장을 가로 질러가야 한다. 광장에는 벌써 대열을 갖춘 시니어 무리가 열심히 음악에 맞추어 에어로빅을 하면서 몸을 흔들고 있다. 공원 안에 들어서면, 이미 호수 둘레를 돌며 운동하고 있는 주민들을 만난다.

그들과 함께 돌다 보면, 어느새 몸에 땀이 배기 시작한다.

라오까이 공원 한가운데는 인공호수를 만들어 놓았다. 호수 가운데엔 식당 겸 전망 좋은 건물과 원형 조형물들이 있다. 이곳으로 접근할 수 있도록 다리를 연결하여 놓았다. 호수 주위를 몇 바퀴 걸은 후에 그 원형 조형물 근처에서 간단한 체조로 걷기를 마무리하게 된다.

아침 운동은 멀리 떨어져 혼자 생활하고 자칫 건강을 잃을 수 있는 타지 생활에서 보약과도 같다. 아침의 걷기는 해묵은 문제나 코앞의 행사에 꽤 괜찮은 아이디어를 선물로 주기도 한다.

아침이면 찾으려 했던 라오까이 시내 공원

공원 한가운데에 호수가 조성되어 있다.

17. 생각보다 괜찮은 쌀국수

난 원래 국수를 좋아한다. 어릴 적 먹거리도 변변하지 않은 시절, 대구 외갓집에 갔을 때 사주신 역 주변 음식점의 냄비 우동 맛을 잊지 못한다. 휴일이 되면, 숙소를 나와 아침 운동을 마치고는 곧바로 인근 시장으로 향한다.

식당에서 국수를 기다리며 조리하고 있는 주인아저씨의 손놀림을 볼 수 있었다. 밤새 우려낸 육수에, 이른 아침 배달해온 소의 살코기를 얇게 편육처럼 썰어 즉석에서 뜨거운 국물에 넣어 준다. 이런 국수에 숙주나물, 마늘 절편, 작고 맵디매운 고추 조각을 육수 위에 띄운다. 그 매콤한 고추 맛이 육수에 퍼진다. 거기에 레몬즙을 더하면 강한 신맛이 입안에 가득 퍼질 정도다. 소고기가 이곳 베트남에서는 제법 값이 쌌다.

현지 직원들과 박하군(district)에서의 아침 식사

풍성한 채소와 대나무 잎에 싸서 파는
기능성 찹쌀 맛도 좋았다.

그곳은 정말 맛집인가보다. 낯익은 공무원들을 이 식당에서 가끔 만나기도 했다. 그들은 날 보게 되면, 내가 식사를 마치기도 전에 음식값을 미리 내 음식값까지 지불한다. 내가 먼저 마치고 나갈 땐 그들의 음식값을 내주기도 했다. 그리고 보니, 베트남의 정서는 한국이나 비슷한 것 같다.

라오까이시 박하군에서의 아침 식사는 좀 색달랐다. 국수 면발이 흑미로 만들어서 그런지 진갈색이었다. 소고기나 닭고기를 얹어주는 식당도 있었지만, 생선 살을 살짝 튀김가루에 입혀서 튀겨 내놓았는데, 비린내도 거의 없는 데다 채소를 듬뿍 넣어 먹으니, 아침 식사로 그만이었다.

출장지에서는 아무래도 늘 머무는 라오까이 숙소보다는 잠자리가 불편하게 마련이다. 박하 맛집에서의 쌀국수는 여관에서의 하룻밤의 찌뿌드드 함을 해소하는 개운한 맛을 갖고 있었다.

18. 치명적인 말라리아

아프리카를 여행하려면, 최소한 예방접종을 권고하는 백신 종류가 있다. 아프리카국을 중심으로 여행 국가의 공항에서 주로 검사하는 예방접종은 황열병(yellow fever) 예방주사였다. 우리나라에서도 주사를 맞고 나면 노란색의 접종카드를 발급해 주었다. 그런데, 정작 주변 사람들이 어려움을 당한 것은 말라리아였다.

말라리아는 예방주사가 따로 없었다. 말라리아는 한번 걸렸다가 회복되더라도 면역력이 생기질 않는다고 한다. 그래서, 만약 말라리아에 한번 걸렸다가 회복하여도 말라리아를 옮기는 모기에 또 물리면 그만 다시 발병하게 된다.

앙골라 숨베시(Sumbe City)에서 체재할 때이다. 습하고 더운 해 안가 소도시이다 보니 모기가 꽤 많았던 것 같다. 동료가 갑자기 열이 오르고 몸살기가 있어 인근 진료소에 가서 말라리아 채혈 테스트를 받아 보았는데, 그만 말라리아에 걸렸다는 판정이 나왔다. 그래서 함께 있던 전문가들이 모두 진료소에서 말라리아 테스트를 받았는데 나도 양성이었다. 그리 몸이 개운치 않아 혹시나 했는데 걸린 것이었다. 동료들은 쉬어야 한다고 해서 난 증상이 특별히 심하지 않았는데도 일주일을 약을 먹으며 휴식을 취했다.

그리곤 일주일 후 같은 진료소에서 다시 채혈 테스트를 받았는데, 아직도 양성이라고 한다. 그래서 또다시 일주일간 약을 먹으면서 쉬었다. 귀국해서는 말라리아 등 열대병 전문 취급 병원에 가서 도말 테스트를 받아 보았다. 그제야 괜찮다는 판정을 받았다.

난 말라리아에 걸렸어도, 다행히 가볍게 지나갔다고 본다. 탄자니아 삼 년의 세월 동안 말라리아를 잘 피해 갔는데, 이곳 앙골라에서는 그만 말라리아에 걸린 것이었다. 귀국 후 몇 개월 후 건강검진을 받아 보니, 간 수치가 위험한 수준까지 올라있었다. 아마도 말라리아 약을 2주간 먹었던 게, 간에 영향을 주었나 보다.

탄자니아에 있을 때다. 협력 의사로 이곳에 온 청년 의사가 몸이 좋지 않다고 했다. 그래서 일회용 말라리아 테스트 키트(kit)를 사용하여 말라리아 감염을 체크했다고 한다. 그런데, 그는 말라리아 양성 반응이 안 나오니 몇 시간 간격으로 수 차례 다시 테스트하였다고 한다. 말라리아균이 일정량 이하일 경우에는 양성반응이 나오지 않을 수도 있다고 한다. 다행히, 며칠 후에 그는 말라리아가 아니라는 얘기를 들을 수 있었다.

현지 전문가들도 말라리아에 자주 걸렸다. 탄자니아 ODA 사업 사무소가 있는 모로고로 시내에는 공공보건 진료소가 있었다.

이 진료소에서는 풍토병에 대한 외국의 원조나 외국 정부 지원 덕분에 유명 제약회사 약들이나 테스트 도구들을 싼값에 이용할 수 있었다. 나도 몸이 뻐근할 때면, 혹시나 하는 마음에 현지 전문가들과 함께 이곳 진료소에서 간이테스트를 받아 보았다.

그 당시 국제봉사단원으로 아프리카를 자원해서 오는 청년들도 꽤 있었다. 난 탄자니아에 도착해서 그 지역에서 활동하는 청년 봉사단원들을 보고 상당히 놀랐다. 여성이 많아서 놀랐고 의외로 밝고 활기참에 또 한 번 놀랐다. 내가 젊은 시절, 이런 제도가 있었으면 적극적으로 지원했으리라. 그들의 지구촌 알기와 전문영역 넓히기가 은근히 부러웠다. 이런 봉사단원 중에서도, 말라리아나 타 질병으로 중간에 귀국하는 경우도 종종 있다고 한다. 한 봉사단원이 신체검사는 통과했는데, 황열병 등 예방접종을 하고 예상보다 몸 상태가 좋지 않아 며칠간 일상생활을 쉬어야 할 정도였다고 한다.

그 단원은 건강이 회복된 후에야 겨우 파견되었는데, 이곳 아프리카에 와서도 몸이 좋지 않아 결국에는 활동을 아예 멈추고 귀국해야 하는 예도 있었다. 이렇게, 면역력을 키우기 위한 예방접종만으로도 어려움을 겪는 사람들은 국내 전문의사와 상담이 필요하다고 본다. 한편, 말라리아가 유난히 많은 아프리카보다는 다른 대륙에서의 해외 업무 경험을 권하고 싶다.

언젠가 포르투갈어 통역과 번역을 위해 아프리카에 파견된 청년이 있었다. 그런데, 업무가 종료되지도 않은 어느 날 현지에서 중도에 귀국하였다고 들었다. 동료에게 들으니, 출장 전 예방접종을 하였는데, 유난히 며칠 동안 몸이 안 좋았단다. 그런데도 몇 달간의 출장을 간 것이 그만 화근이 되었다. 그는 귀국 후 국내병원에서의 몇 달간의 입원 치료에도 불구하고 젊은 나이에 세상을 떠나야 했다.

이런 예는 수도 없이 많다. 아프리카에서 감기 몸살과 유사한 증상이 발현된다면 바로 인근 진료소를 찾아 테스트받기를 권유한다. 그리고 시간적인 여유가 있다면, 현지의 큰 병원에 찾아가 의사의 진료와 권고를 따르는 게 좋다. 바로 국내에 돌아와야 할 상황이면, 진료소나 병원에서 충분한 현지 약을 처방받아 귀국길에 오르는 게 좋다고 본다. 말라리아는 지역마다 다른 특징이 있어, 그 지역에서 유용하게 사용되는 약들이 있게 마련이란다.

일자리가 어려운 요즈음 국제개발협력사업은 청년들에게 좋은 대안이 될 수도 있다. 그런데, 세계 곳곳에는 우리나라와는 전혀 다른 환경의 치안 문제, 교통 불안, 재난의 위험 등이 도사리고 있고 이런 위험은 본인의 의지와 관계없이 우연히 발생하기도 한다. 특히 건강에 관한 이슈는 더욱 주의해야 한다.

모든 인간의 꿈은 아름답지만, 의외로 인간은 나약한 존재임을 살아오면서 더욱 절실하게 깨닫는다. 하물며, 청년의 시간과 꿈은 얼마나 귀하고 아름다운가! '건강을 잃으면 모든 것을 잃는다'라는 엄연한 자연의 이치를 겸손하게 받아들일 필요도 있다고 본다.

19. 순댓국 예찬

순댓국은 직장생활을 막 시작하면서, 맛보게 되었다. 요즘도 나는 편한 직장 동료들이나 허물없는 사람과의 만남에서 주저 없이 순댓국을 먹으러 가자고 한다. 동네 어디에나 한두 곳은 있고, 웬만한 버스 터미널이나 역 주변 등에는 순댓국 파는 식당이 있다. 산행 후에도 순댓국에 막걸리 한잔이면 족했다.

그러다가, 해외사업을 하러 나갔다. 머나먼 이국땅에 오래 근무하게 되면, 평소엔 떠오르지도 않던 지인들의 모습과 그때 얽힌 사연도 생각나게 마련이다. 이때 떠오르는 음식이 단연 순댓국이다.

과테말라 개발협력 사업으로 일할 적엔 중앙부처 내 사무소 근처에 숙소를 얻는 바람에 한인들이 주로 모여 사는 곳과 좀 거리가 떨어져 있었다. 평소엔 직원들과 사무소에서 가까운 근처 과테말라 식당을 자주 갔었다. 하지만, 유난히 생각나는 날이면, 조금 거리가 있다 해도 한인 거리의 순댓국집을 찾았다. 과테말라에서 먹는 한국 맛과 유사한 순댓국은 고향의 정서와 행복감을 생각해내기에 충분했다.

아프리카 탄자니아에서 수도 다르에스살람에는 몇 개의 한식당이 있었다. 하지만 그곳 한식당에서도 순댓국 맛을 보지 못했다. 하지만, 김치는 있었다. 당시 한인 식당은 인근 국가에서 재배한 배추를 비행기로 실어 와서는 담근 김치를 교민이나 잠시 비즈니스를 위해 이곳에 온 출장자들에게 판매하기도 했다. 김치가 금치로 변한 순간이었다.

회의가 있는 날이면, 미리 수도에 도착하기 전에 전화로 연락해야 식당에서 준비할 수 있었다. 그것도 배추가 있을 때만 가능했다. 한 번의 현지 체재 기간도 길었다. 한번 파견 시 거의 6개월간을 현지에 서 있었다. 그래서 한국에 도착하자마자, 제일 먹고 싶은 제1순위가 순댓국이었다.

그 당시에 탄자니아를 오갈 때면, 홍콩, 남아공을 거쳐 1박 2일간의 비행기여행을 해야 했다. 그러다가 사업 종반기에는 두바이를 거쳐 바로 탄자니아에 들어갈 수 있었다. 한국 귀국 후 얼마간 국내에 있다 가 탄자니아로 다시 들어가는 비행기는 늘 늦은 밤에나 출발했다.

탄자니아 수도 다르에스살람 공항에 도착하여 모로고로시(Morogoro City)로 직행하는 차 안에서 내게 다가오는 풍경은 사업 중반에 다시 탄자니아에 재 입국해도 여전히 처음인 것처럼 무척이나 낯설게 느 껴졌다. 그래서 순댓국 같은 한국의 맛을 더 찾았는지도 모른다. 장 기간 해외 체류를 마치고 귀국하게 되면, 이제는 서울 시내에 많이 없어져 버린 재래시장을 일부러 찾는다. 아무래도 재래시장 인심이 푸근하고 어쩐지 식사할 때 마음도 편하다.

어릴 적 시장에서 어머니를 졸졸 따라다니며 상인들에게 산 채소 다발을 들고 오면서 먹던 간식거리 기억 때문일까. 시장 안의 식당에 서 설설 끓는 큰 솥에서 아줌마가 한 그릇 가득 퍼주시는 순댓국과 허름한 식당 안이 맘도 편하다. 맘도 편하니 더욱 맛이 나나 보다.

가슴에 남은 사람들

라오까이(Lao Cai)시, 사파(Sapa) 호숫가의 아이들

놀이 보트가 타고 싶었나보다.

1. 나의 친구 탐

나의 친구 탐(Tom, Thomas Killilea)은 아일랜드 출신의 세계은행 (WB) 프로젝트의 팀 리더였다. 탐은 탄자니아 모로고로시(Morogoro City)에 체재하는 몇 안 되는 외국인 중의 한 사람이었다. 그를 만난 곳은 화덕에서 피자를 구워주는 피자집에서였다. 이 피자집은 내 숙소에서 차로 10여 분 달려야 하는 다른 편 산등성이에 있었다.

피자집에서 우연히 마주칠 때 서로 웃으며 인사하다 보니, 비슷한 일을 하는 것을 알게 되었다. 그래서 그의 아내와 그의 동료들과도 가끔 함께했다. 서로 일의 어려움을 화제로 이야기하다 보면 시간 가는 줄도 몰랐다.

탐은 제법 큰 저택을 숙소로 사용하고 있었다. 워낙 집이 크다 보니, 관리할 집사를 개인적으로 채용했다. 집안에 청소하는 아줌마와 경비 아저씨였다. 어느 날 숙소에 도둑이 들어 'TV 등 값나가는 물건을 다수 훔쳐 달아났다'라고 한다. 경비는 허수아비였나보다. 나는 그에게 "경찰에 신고는 했나?"라고 물으니 '신고하지 않았다'라고 했다. 아마, 신고해 봐야 범인을 잡을 수도 없는 상황이었기 때문이리라. 그리고 보니 이곳 모로고로시에 거주하는 외국인들은 가난한 현지 사람들에게 베풀러 온 사람들이라는 지역의 분위기도 한몫했을 것 같다. 탐은 닭과 개도 키웠다. 신선한 달걀이 그의 아침상에 오른다고 늘 내게 자랑했다.

'어느 날엔가 닭도 사라졌다'라고 내게 말했다. 그런 어처구니없는 일을 설명하면서도 그는 웃음을 잃지 않았다. 나는 할말을 잃었다. 그 피자집은 걷기엔 멀고 밤길도 어두운 데다 치안도 염려되니 차로 이동해야 했다. 특별한 일이 없으면 그는 매주 목요일엔 날 데리러 차를 가지고 내 숙소까지 와 주었다. 그는 수십 년간 아프리카에 컨설턴트로 일한 경험으로 정부 공무원의 태도나 건설 시공업체의 생리, 특히 중국업체의 횡포 등에 대해 많은 경험이 있었다. 아프리카 초년생인 나의 애송이 같은 업무 얘기도 한두 번 들으면 이내 실증 낼 만도 한데 잘도 받아주고는 따뜻한 조언도 잊지 않았다.

그는 자상한 형님 같았다. 내가 골머리 앓고 있는 이야기를 내내 들어 주면서 공감을 표해주었다. 그래서인지, 그와 함께 마시는 맥주는 더 느낌이 좋았다. 탐은 녹차를 좋아한다. 저녁엔 식사 이후에 꼭 녹차 한 잔을 타 마신다고 한다. 난 한국에 다녀올 때면 한국에서 가져온 녹차 티백을 선물했다. 가벼우니 한국서 가져오기도 쉽고, 나도 저녁엔 가끔 녹차를 마시기도 하니, 서로 좋았다. 그는 그 녹차를 마신 느낌을 피자를 먹으며 늘 내게 이야기해주었다. 그럴 땐 우리나라 남부지방의 보성 녹차가 일본 상품 못지않게 꽤 품질이 좋다고 자랑했다.

탐은 내가 모로코로 생활을 끝내고 한국으로 귀환한 이후 몇 개월 더 그곳에 일하고 있다가 아예 컨설턴트 생활을 마치고 고향 아일랜드로 돌아갔다. 그러면서, 그가 평소 마련한 스페인 해안가에 조그만 농장에서 농사일도 하며 시간을 보낸다고 한다. 언젠가는 가보고 싶은 곳이기도 하다.

그는 아내와 함께 내가 베트남 개발협력 사업으로 체재하고 있는 라오까이시 근처 사파에 관광 삼아 오겠다고 했는데, 그만 그 뜻을 이루지 못했다. 그의 아내, 제인이 지병으로 세상을 떠난 것이다. 참 아쉬웠다. 시간은 우리의 희망처럼 머물러 주지 않는 모양이다. 내

아내가 탄자니아 모로고로 시에 왔을 때 아일랜드식 저녁을 온종일 준비하여 탐 집에서 즐겁게 지낸 때가 엊그제 같았다.

아일랜드는 무려 800여 년간의 영국에 의한 침략과 지배와 함께 불행한 시기에 그 나라 인구의 1/4인 200여만 명이 굶어 죽거나 이 민선에 몸을 실어야 했던 식량 대기근의 슬픈 역사를 갖고 있다고 했다. 그래서 그런지 탐은 우리나라 남북한의 분단 아픔을 누구보다 도 더 이해하고 위로해 주었다. 무수한 고난을 겪어내야만 했던 아일랜드 후손이라 그럴까. 그는 참 온화하고 사려 깊은 큰 형님 같았다. 난 그동안 업무로 개발도상국 몇 나라는 다녀왔지만, 요즘엔 청년들에게 도 흔해진 유럽여행을 아직 제대로 가보지 못했다. 유럽을 여행 갈 기회가 있으면 아일랜드에 들르고 싶다. 탐과 함께하는 아일랜드 맥주 맛은 어떨까.

크리스마스날 탐 집에서

좌에서 두 번째가 탐이다. 그의 아내는 그의 우측에 앉아 있다.
아일랜드식 음식을 온종일 준비하였다.

2. 알비노와 옥수수 농장

어렸을 적, 유난히 얼굴색이 흰 사람들을 동네 길가에서 가끔 본 적이 있다. 그러다 한동안 내 기억 속에서 사라진 그 기억이 탄자니아 모로고로에서 되살아났다.

이 알비노(백색증, Albinism)를 앓고 있는 사람이 모로고로 사업 수혜 주민의 무리 속에 있었다. 그는 말없이 모자를 푹 눌러 쓰고는 조용히 일만 했다. 피부색이 온통 검은 사람 무리 속의 흰색의 피부는 정상이 아닌 것으로 치부된다. 얼굴이 흰색이지만 피부가 건강해 보이지 않아, 그를 바라보기만 해도 측은함이 절로 생긴다. 그렇다고 사업에서 특별한 배려를 하기도 어려웠다. 난, 먼발치에서 그를 가끔 쳐다볼 뿐이었다.

탄자니아에서 알비노를 앓고 있는 사람들에 대한 편견은 아주 심했다. 탄자니아에선 알비노의 신체 일부를 몸에 지니고 있으면 액운을 쫓아낼 수 있다는 미신이 있었다. 알비노를 앓고 있는 어린아이의 손목이나 신체 일부가 잘려나갔다는 현지 신문 기사를 읽은 적도 있다. 사람들의 토속신앙은 의외로 인간의 잔인함을 요구하고 있는 것이었다. 생계가 고통스러운 환경의 삶일수록 극복할 수 있다고 믿는 방법과 수단도 더욱 원초적으로 되어버리나 보다.

몇 년 전 탄자니아에서 알비노를 돌보던 NGO 한국인 지부장이 그만 말라리아로 갑자기 세상을 떠났다는 신문 기사를 보고 깜짝 놀란 적이 있다. 내가 모로고로에서 사업을 할 때 청년인 그녀는 한국 정부 기관에서 파견되어 모로고로 지역에서 사회 활동을 하면서, 개발 협력 현장에서 열정적으로 일하고 있었다.

그곳을 떠나온 지도 꽤 되어 한동안 탄자니아를 잊고 살았는데, 신문을 통하여, 그것도 불행한 일로 그녀의 소식을 접하니, 참으로 안타까웠다. 그녀가 생전에 불우하고 어려운 생계환경에 있는 사람을 누구보다도 많이 사랑하였으니, 하나님의 위로와 사랑을 더욱 받았으면 좋겠다.

한번은 마을 한가운데 우뚝 선 바오바브나무 위의 큰 벌집이 문제가 되었다. 넓디넓은 옥수수밭을 일구느라 연일 온 동네 사람들이 전쟁을 치르는 중에 바오바브나무 위의 벌집에 있는 벌들에게 주민이 쏘이는 일이 잦아지게 되었다. 주민들이 큰 무리를 지어 들판에서 일하니, 벌도 꽤 놀랐나보다. 그래서, 그 벌집을 없애기로 마을 회의에서 결정이 났다고 한다. 한데, 벌집 제거 전에 제사의식이 필요했다. 그 바오바브나무는 족히 수령이 수백 년은 됐으니 제법 모습도 위엄이 있었다. 평소 마을 사람들이 소원이나 액운을 쫓으려면 이 바오바브나무에 와서 빌었다고 한다. 이런 바오바브나무가 공터 한편에 우뚝 서서 바라보고 있는 60여 헥타르의 옥수수 농사 대지는 광활할 정도다. 옥수수는 원래 쌀농사처럼 특별히 많은 양의 물을 필요하지 않기는 하다. 그래서 대개, 옥수수 농사는 그냥 하늘에서 내려 이내 땅으로 스며드는 강우에 의존한다.

농사에 참여한 주민들이 광활한 밭 정리를 처절할 정도로 겨우 마치고 옥수수 씨앗을 심었는데, 역시나 모로고로에는 필요한 양만큼 비가 내리지 않았다. 커다란 투자(?)를 하고 정성으로 참여하고 있는 옥수수 농사에 큰 기대를 걸고 있던 주민들과 사업단을 PMC를 애타게 한 적이 있다. 비가 좀 더 내리도록 기우제를 지내자고 한다. 벌거벗고 지내는 기우제는 남자만이 참석하는데, 나보고 참석할 의향이 있냐고, 퇴직을 앞두고 우리 PMC 사무소에 파견 와서 함께 근무하고 있는 공무원 무왐보 씨는 내게 너스레를 떨었다. 비 오길 나름 기원했지만, 차마 그 제사엔 참석하기는 어려웠다.

마을주민들의 제사와 소망 때문이었을까? 사업 첫해 옥수수 농사를 짓는 60헥타르 농토는 극심한 물 부족을 겨우 피해 갈 수 있었다. 그래서 주민 모두는 어느 정도 수확의 기쁨을 맛보았다. 하늘로 먼저 홀연히 떠난 한국의 아름다운 젊은 청년 NGO 지부장이 돌보던 알비노 주민도 풍성한 수확에 모처럼 기뻐했을 것 같다.

3. 이가 유난히 흰 마사이

탄자니아 사업 후반기에 접어들면서 숙소를 옮겨야 했다. 그래서 렌트해야 할 주변의 집들을 살펴보기 시작했다. 탄자니아도 빈부 격차가 심해서 그런지 제법 마당이 넓은 저택 같은 집이 있었다. 난 이집 저집 둘러보다가 그중의 한 집을 보길 원했다. 그 집에서 사는 사람을 만났더니, 주인은 이곳에서 살지 않는다고 한다.

현재 사는 그녀는 그 집의 관리인이었다. 그래서 구체적인 흥정을 위해 주인과 약속한 시각에 그 집에 다시 갔다. 한데, 젊은 여성이 나오는 게 아닌가. 키도 무척이나 컸다. 옷도 좋은 브랜드에 제법 말쑥했다. 그 나이에 이런 큰 집을 소유하고 있다는 것도 의외였다. 자기가 머무는 곳은 탄자니아 수도인 다르에스살람이라고 한다.

그녀가 웃을 때는 까만 얼굴에 고른 흰 이가 자랑스럽게 드러나 보였다. 그래서 웬 치아가 그리도 희냐고 그녀에게 물었다. 그러니, 자기는 우유만 먹고 자라서 그렇다고 한다. 그녀 가족은 마사이족이었다. 잘 나가는 마사이 가족은 수천 마리의 소를 보유하고 있다고 했다. 그래서, 그 많은 소를 관리하기 위해 여러 명의 부인을 둔다고 했다. 그리곤 새로 맞은 부인이 태어난 아이들과 함께 소 몇 백마리씩 관리하면서 생활한다고 한다.

마사이족들은 항상 전통 복장을 몸에 휘감고 긴 막대기를 들고 다닌다. 야생동물이나 전투적인 상황이 벌어지면 막대기를 유감없이 휘두를 만반의 준비가 된 셈이다. 마사이족들은 항상 이동하면서 생활한다. 가축의 물과 먹이를 찾아서 헤매야 하니, 자연히 그런 이동형 삶을 살 수밖에 없다.

이런 마사이족의 삶의 특성 때문에 정착형 주민들과 자주 마찰을 일으킨다고 한다. 마을주민들의 텃밭에 채소나 농작물을 재배할 때, 소들이 들어가 뜯어 먹는 것을 마사이족들이 내버려 둘 때도 있다고 한다. 자연 지역사회의 문제로 시끄러워질 때도 있단다. 정부에서는 마사이족의 정착형 삶을 위해 정착형 축산생계 활동 보급에도 관심 이 있다는 얘기를 들은 적이 있다. 이런 마사이족의 이동형 생계 활 동을 전환할 수 있는 마사이족을 대상으로 하는 국제개발협력사업도 흥미롭지 않을까.

탄자니아 국제개발 사업의 생계형 사업활동에는 축산활동도 있었다. 그 당시 정부 공무원은 사업단에 주민들로 구성한 축산작목반에 기증할 소 구입으로 품종이 우수한 외래종 소를 권유한 적이 있었다. 그러면서 국립축산센터에서 관리하는 소라고 소개했다. 나는 속으로, '그러면 그 센터에 있는 소들은 정부 재산일 텐데, 개발협력사업을 실행하고 있는 사업단에 판매하겠다'라고 하는 그 자체도 이상했다. 하지만, 일단 소를 보기 위해 공무원들이 우수품종의 소를 관리하고 있다는 그 센터를 사업 담당 공무원, 작목반 대표들과 함께 방문해 보았다.

과연, 센터의 외래종은 재래종보다 소 자체가 이목구비가 뚜렷하고 체구도 상당히 우람했다. 그런 외래종은 국립 축산센터에 시범용으로 관리하는 듯했다. 하지만, 사업단이 소를 구입할 예정이라는 소문이 퍼져서 그런지 부르는 솟값이 터무니없었다. 엄두가 나지 않았다.

그런 외래종이 아무리 품질이 좋다고 한들 주민이 소를 어느 정도 사육하고 고기로 판다고 해도 제값 받을 시장을 찾기도 만만치 않을 것 같았다. 이제 겨우 소 사육에 눈뜨기 시작한 가난한 주민의 관리할 능력은 둘째치고 값비싼 고기를 거래할 만한 주변 시장조차 찾지 못할 것 같은 생각이 들었다.

그나마 마사이가 평범하게 키우고 있는 경제적인 소를 사기로 했다. 사실, 고기를 겨냥한 육우로 키우기보다, 우유를 생산하는 젖소를 주민들은 선호했다. 한데, 프로젝트 예산으로 사기엔 엄두가 나지 않았다. 생우유 보관을 위한 냉장고 등 각종 기기 마련과 기술 전수 등에 문제가 생길 것 같았다.

또한, 전기도 제대로 들어오지 않는 벌판에 유제품 관리가 제대로 안 될 게 뻔했다. 그래서 마사이에게서 육우를 구매하기로 했다. 큰 돈이기에 송금을 원했지만, 구입한 솟값을 현금으로 달라는 것이었다. 영수증을 제대로 만드느라 생고생을 하였다. 구매한 마사이 소가 사업활동으로 건축한 축사에 잘 안착하였다.

그러던 어느 날, 구입한 소들을 사육하기 시작한지 며칠도 안 돼서 소들이 한밤중에 소리 없이 사라져 버린 사건이 벌어졌다. 순간 아찔했다.

소의 먹이와 물 찾아서 늘 이동해야 하는 마사이 가족

　경찰이 오고 마을은 난리가 났다. 인근 초소에 연락하고 수소문을 하여 소 떼를 뒤쫓기 시작했다. 수소문해보니 원래 소를 판 마사이가 판 소를 다시 도둑질하는 때도 있다고 한다. 그래서 긴장했다. 하지만, 그런 불미스러운 사고는 아니었다.

　먼 곳에서 구입해온 소들은 야간 경비 중인 한 주민이 조는 사이, 때마침 열려있는 문을 나와 정처 없이 고향을 향해 걸었던 것이었다.
　소들은 자유로이 이웃이 재배해 놓은 농작물을 맛있게 먹으면서 밤새도록 이동 중이었다고 한다. 피해를 준 농작물의 손해 배상을 해야만 했다. 소를 다 찾기까지는 거의 일주일이나 걸렸다. 그날 경비를 섰던 담당 주민이 경찰서 심문을 당하는 등 불안한 며칠을 보냈지만, 소들이 모두 다시 제자리로 돌아왔다는 게 그저 신기할 따름이었다.

4. 과테말라 오바마

타지에서의 주말은 집 생각이 많이 나게 마련이다. 전문가로 활동하는 요즈음 젊은 층은 웬만하면 부부가 아이들까지 데리고 타지에서 가족들이 함께 지내는 경우가 늘고 있는 것 같다. 난 아내도 직장이 있어 해외 체재 생활 대부분을 함께하지 못했다. 그래서 주말은 으레 걷기를 하거나 산책 정도의 휴식이 대부분이었다.

다행스럽게도 과테말라 수도 인근에 골프장이있어 휴일엔 그곳에서 대부분 시간을 보냈다. 난 과테말라에서 골프를 처음으로 배우기 시작하였다. 어떻게 보면, 가족없이 해외에서 일하는 사람들에겐 시간이 많이 필요한 골프는 그나마 괜찮은 운동이 될 수도 있다. 그 당시 국내보다 사용료도 비교적 저렴하고, 종일 운동할 수 있으니 하루가 금방 가버렸다.

운동하던 어느 날, 과테말라에서 캐디는 남자 청년들이었다. 캐디 들은 주중에는 다른 형태로 일을 하다가 주말엔 골프장에 몰려드는 것이었다. 요즘 말하면 투잡(Two Job)을 하는 것 같았다. 때마침 녹색 잔디를 건너가고 있던 까무잡잡한 캐디의 인상이 미국 대통령 오바마를 닮았다는 생각이 들었다. 그래서 난 그에게 오바마라는 별명을 지어 주었다.

그날 이후 그 캐디는 나만 보면 빙그레 웃으며 '오바마!'라며 큰 소리로 아는 체했다. 난 엄지손가락으로 그를 치켜세웠다. 그러기를 몇 주 지속하더니, 나를 보는 다른 캐디들도 큰 소리로 내게 '오바마'하고 사라지는 것 아닌가. 아마 캐디 사이에서도 소문이 퍼졌나보다. 웬 동양인이 오바마라는 별명을 주었다고 동료들에게 자랑했고, 그에게 지어 준 별명이 그는 싫지 않았나 보다. 졸지에 내가 오바마가 되어버린 느낌이었다.

한동안 과테말라 오바마를 잊고 살았다. 베트남에서는 골프 운동이 쉽지 않았다. 우선 하노이 수도 인근 골프장은 라오까이에서 거의 5시간을 차로 달려야만 했다. 사업 규모가 제법 크고 참여전문가들도 많다 보니, 주말에는 주중의 부산함을 가라앉히고 싶었다. 그래서 주말엔 홀로 있는 시간이 더 좋았다.

주말이 좀 지루하다 싶으면, 가벼운 가방을 어깨에 둘러메고 버스를 타고 꽤 높은 위치에 있는 사파(Sapa)에 갔다. 산줄기를 따라 한참 아래 있는 마을까지 하염없이 걸어 내려간다. 그리고는 시골 동네 가게에서 맥주 하나에 볶음밥 시켜놓고, 휴식을 취한다. 술에 약하다 보니, 이내 얼굴이 붉어지고 낮잠이라도 자고 싶은 마음이다.

되돌아오는 거리엔 청년들이 오토바이를 몰고 전사처럼 나타났다. 내게 오토바이 택시로 호객행위를 한다. 그 베트남 청년이 운전하는 오토바이 뒤에 올라타면, 터덜거리며 내려온 길을 솟아오르듯 달려서 이내 라오까이 시내로 향하는 버스를 탈 수 있었다.

베트남 구정의 긴 휴일, 난, 하노이에 갔다. 대부분의 식당은 문을 닫고 거리도 한산했다. 이럴 땐 외국 관광객들이 많은 호안끼엠 근처에서 머물러야 끼니를 해결할 수 있다. 첫날은 하염없이 벤치에 앉았다가 호숫가 주변 걷기를 반복했다. 그러다가 다음날은 일일 관광을 예약했다. 모두 베트남 사람들이었다. 그들과 섞여 시내를 돌아다니니, 시간도 잘 갔다. 관광에 포함된 점심은 호안끼엠에 있는 오바마 식당이란다.

미국의 오바마 대통령이 베트남 하노이를 방문했을 때 그 집에서 식사했다 해서 유명해졌다나. 점심시간이 되어 그 집에 도착하니, 실제 오바마 사진과 광고가 식당 입구 위에 크게 붙어 있었다.

과테말라 오바마도 잠시 머리에 스치니, 새삼 식당 전면에 붙은 오바마 사진을 더 한번 쳐다보게 되었다. 잠시, 과테말라를 생각하며 베트남에서 식사하니 기분도 묘했다.

하노이 호안끼엠 근처 베트남 오바마 식당

5. 큰 누나, 미스 란

미스 란은 육십 중반의 농촌 지역개발 현지 전문가다. 그녀는 대학교에서 잠시 강사 생활을 하다가 베트남 내의 네덜란드 용역회사에서 전문가로 한동안 일했던 경력이 있었다. 그래서 그런지, 베트남의 대학교, 전문기관 등에 지인들도 꽤 있었다. 이런 그녀의 네트워크는 사업 초기 단계에 필요한 외부기관과의 협력에도 큰 힘이 되었다.

그녀는 여성 전문가이지만, 키도 훤칠하고 남자처럼 활기차다. 회의나 워크숍에서 발표할라치면, 주변을 휘어잡는 듯한 그녀의 쩌렁쩌렁한 목소리가 떠오른다. 난 옆에서 현지 직원을 통역으로 앉혀놓고 무슨 말을 하는지 귀 기울인다. 한데, 농촌개발국장(DARD)을 비롯하여 일부 공무원들은 그녀의 일 접근방식에 그리 썩 만족하지 못한 것 같았다. 농촌개발국은 그녀의 제안과 거침없는 직격탄에 힘들어했는지도 모른다.

그녀는 현지 직원들에겐 큰누나, 언니 역할을 톡톡히 했다. 사무실 내 직원 간의 갈등, 정부 담당자와의 이견에 대한 사업소 대응이나 현안에 자상한 조언 등으로 사려 깊은 역할을 해주었다. 그런 그녀에게 항상 고마운 느낌이 있었다. 그녀는 현지 직원뿐 아니라 내게도 큰 누나 역할을 톡톡히 했다.

베트남 ODA 사업에 함께 일한 현지 전문가 대부분도 집 떠나 생활하는 셈이었다. 그러니 그들도 주말조차 객지에서 보내는 경우가 많았다. 그런 주말에 그녀는 주말에 근무하라는 말도 하지 않았는데, 사무실에 나오는 경우가 많았다. 그녀가 사무실에 나오는 주말의 점심은 풍성했다. 회의실에 밥통과 간단한 요리기구를 장만해 놓은 터

주민과의 사업활동에 관한 대화를 이어가고 있다.

라, 갖가지 베트남 음식을 만들었다. 주말이면 바빠지는 경비아저씨를 비롯하여 일 바쁜 사람들의 큰 위로가 되었다.

사업 중반기 직장 다니는 아내가 모처럼 시간을 내어 베트남을 찾았다. 관광도시로 알려진 다낭(Da Nang)시, 호이안(Hoi An)을 거쳐, 후에 시(Hue city)에 이르렀다. 후에시는 미스 란의 고향이다. 후에시는 베트남의 고대 왕조 시절의 유적들이 잘 보전되어 있었다. 우리나라의 경주시와 같다고나 할까.

뜨거운 태양으로 인해 살짝 땀이 배어버린 셔츠 바람으로 고목과 갖가지 꽃이 흐드러지게 펼쳐진 길가와 고궁을 걸어 다니면서, 옛 영화를 누렸을 베트남 선조들을 떠올려 보았다. 오후까지 시내 관광을 마치고 초저녁, 그녀의 집을 방문했다. 그녀가 사무실에서 요리하듯 준비한 베트남식사와 와인 한잔을 한 후에 서늘한 바람이 부는 강가에 도착했다. 거기엔 시골스러운 유람선이 우리를 기다리고 있었다.

유람선은 그야말로 서민들이 주말에 부담 없이 애용할 법한 분위기다. 해질 무렵, 향강(Perfume River) 나루터에, 주민들과 관광객, 그리고 전통 복장의 악극단을 태우고는 유람선은 강의 물결과 함께 움직이기 시작했다.

배가 둥실 떠나서 강 한가운데 도착할 무렵 배 전면에 마련한 공간에서 전통 복장의 배우들이 음악과 함께 나타났다. 그러고는 우스꽝스러운 몸짓에 만담 보따리를 풀어놓으니 배 안은 웃음과 잡담으로 시끌시끌했다. 무슨 말인지 알아듣지 못했지만, 만담과 갖가지 몸짓만으로도 흥겨운 분위기에 나와 아내는 모처럼 즐겁게 지냈다.

그녀는 아쉽게도 사업 중반기를 지나면서, 그녀의 딸이 박사학위 유학을 위해 네덜란드로 떠나게 되어 그녀의 고향인 후에 시로 되돌아가야 했다. 그녀의 딸도 딸 아이 하나가 있어서 유학하려는 딸을 대신해서 손녀를 돌보아야만 했던 것이었다.

젊은 날, 혼자된 미스 란은 딸 하나를 키우면서 대학교 강사 일을 했고, 그 대학교 강사 딸은 이제 네덜란드로 공부하러 떠났다. 결혼생활의 사연은 알 길이 없지만, 그 딸이 그녀와 비슷한 길로 가고 있는 것 같은 모습을 보니 인생길의 아이러니를 보는 듯하였다.

6. 야전군 사령관, 미스 뚜엣

나의 큰 누나, 미스 란이 그렇게 훌쩍 사무소를 떠나 고향으로 가 버린 후, 새로운 농업전문가를 채용하려고 했으나, 쉽지 않았다. 사실 베트남 사업에서 8개 마을개발사업활동은 일손이 많이 필요했다. 미스 란의 공백으로 인해 자연히 현장의 사업활동이 점점 뒤처지기 시작했다.

후보자를 찾던 어느 날 미스 뚜엣과 면접을 보았다. 미스 란은 대학교 강사 출신이어서 학문적인 배경이 강했다면, 미스 뚜엣은 50대 중반으로 그야말로 현장에서 잔뼈가 굵은 전문가였다. 하지만 그녀는 영어를 거의 하지 못했다. 통역을 옆에 앉혀놓고 난 1시간여에 걸쳐 현재 사업활동의 현안 해결방안 등을 대놓고 질문해보았다.

그런 나의 질문들을 막힘없이 그녀의 생각을 제시하는 것에 맘이 들었다. 미스 뚜엣은 베트남 지방 여러 현장에서 20여 년간 농업 전문가로 일해왔다. 주로 현지 NGO 기관에서 일한 경험이 두드러졌다. 현재의 어려움을 겪고 있는 사업활동을 정상화하는데 적임자를 찾게 된 것이다.

고질적으로 사업활동 진척이 더딘 룽꼬닌 마을에 관한 일화다. 동네 몇 마리 안 되는 물소 분뇨로 길들이 냄새로 진동하고 형편없는 마을 안길도 겨우 분뇨를 피해서 걸을 수 있었으니, 그 마을에 출장갈 때마다 미간이 찡그려졌다. 벌레는 나만 좋아하나, 마을을 다녀오면 물린 곳이 가렵고 최소 일주일은 지나야 겨우 가라앉았다.

나는 이 마을의 사업활동 실행전략으로 미스 뚜엣에게 3대 활동 연계 방향을 제안했다. "1) 마을 길이 깨끗하고, 2) 주민이 건강하며, 3) 소득이 늘어나는 마을", 이 세 가지 주제 모두는 축산사업활동과 연계성을 가지고 있다.

그녀는 나의 제안에 이를 현장 전문가답게 조용히 실천했다. 뽀송뽀송하고 건강한 돼지와 소들, 그래서 보건위생이 개선된 행복한 가정, 수집한 분뇨 판매도 가능하고 값을 더 받을 수 있는 유기농 채소 재배 그리고 깨끗한 마을길은 덤이다.

마을주민과 함께 둘러 앉아 설명하는 미스 뚜엣

  사업 중간평가를 겸해 마을을 방문한 모 교수로부터 그녀의 실행 접근방법은 몇 발 앞선 명쾌한 어프로치라고 칭찬을 받았다. 그녀는 작지만 당찼다. 워낙 현장에 익숙한 그녀라 일 처리에 군더더기가 없고 현장에서의 실질적인 업무처리가 내 마음에 들었다. 그래서 국제원조기관에서 전문가 선발할 때도 현장경험을 그리도 중요시하나 보다.

  소액금융 모범사례 현장, 라이초우(Lai Chau) 지방의 학습 여행, 소득증대를 밸류체인(Value chain) 시도를 위한 하이즈엉(Hai Duong) 지방의 학습 여행, 이 모두가 수십 년간 현지 경험과 사업활동 중에 쌓은 기관들과의 인맥을 바탕으로 한 그녀의 치밀한 사전 준비로 계획을 무난히 완성할 수 있었다.

옆에서 지켜본 그녀는 리더십도 있었다. 한참이나 나이 차이가 있던, 여직원들이 그녀를 잘도 따랐다. 멀리 베트남 북부 라이초우(Lai Chau) 지방에 갔을 때의 일이다. 저녁밥을 먹고, 다음날 워크숍 준비로 부산해야 할 시간이다. 그녀와 난 자료와 가져온 소품들을 준비했다. 나도 프레젠테이션 발표할 내용을 다시 정리하고 있었다.

뚜엣과 한 팀이면서 평소 얄미운 코멘트를 날리는 미스 따오는 코빼기도 보이지 않았다. 미스 뚜엣은 말없이 웃으며, 미스 따오 없이 혼 자 일도 잘한다. 오히려 내가 불안한 눈빛으로 그런 그녀를 보니 부러우면서도 부끄럽다는 생각에 내 얼굴이 화끈거렸다.

7. 또순이, 미스 문

미스 문은 베트남 사업을 시작하면서 채용한 현지 전문가 중에 제일 먼저 선발되었고 사무소 문을 닫을 때까지 최종적으로 남아있었다.

그녀는 사업기간 동안 그야말로 전투적으로 일했다. 지역신문 채용공고를 보고 지원한 그녀는 자기소개서에서 본인이 이 분야에 최적임자이고 일을 잘할 자신이 있다고 당차게 적었다. 나는 그녀에게 사업 초창기 하노이에 있는 KOICA 지역사무소에서 하게된 한국인 전문가들 간 회의에 일부러 동행을 요청했다.

다른 기관과의 협의 시 통역 일도 있었지만, 코이카 사무소에 들러서 그녀를 KOICA 현지 직원들과 소개해주려고 했다. 앞으로 3년이란 긴 기간의 업무를 위한 소통과 조율역할을 할 수 있도록 하기 위함이었다.

한데, 이런 중요한 출장에 미스 문은 갓난아기 때문에 갈 수 없다고 하였다. 퇴근 후엔 본인이 아기를 돌봐야 하기 때문이란다. 난 할 수 없이 시어머니와 아이를 함께 데려가기로 했다. 이런 기회를 일부러 만들기도 어렵고 시기를 놓치면 효과도 그만큼 떨어질 수 있기 때문이었다. 그래서 그녀의 시어머니와 아기까지도 하노이 출장 팀원이 되었다.

ODA 사업실행 몇 개월 전에 개통하여 고속도로(하노이-라오까이)엔 변변한 휴게소나 음식점도 없는 길을 라오까이시에서 하노이로 향 하게 되었다.

다수의 한국인 전문가들과 할머니와 아기 그리고 간간이 아기 젖을 먹어야 하는 미스 문 가족을 태우니 꼭 시골 버스 같은 느낌이었다.

그녀 가족은 하노이 호텔 투윈 룸 방 하나에 묵게 되었다. 아마도 할머니는 며느리 잘 두어 평소 장거리 여행도 쉽지 않은 환경에서 하노이 베트남 한양인 하노이 호텔 조식도 음미할 수 있다 생각하니, 그 가족에 대한 내 마음도 조금은 위안이 되었다.

그녀는 정말 일을 전투적으로 했다. 생산해 내는 문서양도 상당했다. 하지만 고집이 워낙 세서 한국인 베트남인 할 것 없이 다른 전문가들과 충돌도 잦았다. 사업전문가로 참여한 보수적인 성격의 교수들은 그녀를 싫어하기도 했다. 이메일이 너무 당돌하다는 얘기를 자주 들었다. 그럴 때면 '미스 문의 성격이 원래 좀 직설적이다.'라는 등의 중재 역할을 해야만 했다.

ODA 사업 액션플랜 작성은 수개월이 걸릴 정도로 작업량이 많았다. 그녀를 비롯해 사무소 전문가들이 밤낮으로 일하니 덩달아 나도 바빴다. 통상 사업발주자(Client)에게 제출하는 보고서는 대개 한글, 영문 두 가지로 작성한다. 하지만 양측(발주자 및 협력대상국 정 부)

의 승인사항이 필요한 정기 보고서는 베트남어도 필요하게 된다. 결국 웬만한 보고서는 세 가지 언어로 작성하게 마련이다. 그러니 작업 시간이 배로 걸리게 마련이다.

그러던 어느 날, 액션플랜 내용에서 집행예산에 관하여 사무소에서 내부적으로 합의한 사항을 어긴 일이 있었다. 공식적으로 개최된 중요 회의에서 나의 의견에 반대되는 사항을 자신의 의견으로 공표해버리고 말았다. 그녀의 생각대로 한다면, 베트남에 더 큰 혜택이 돌아갈 수 있다고 생각해서였을까?

그날 전체 회의에서, 나와 사무실의 의견에 반하는 프로(pro) 베트남식의 발표로 나의 처지가 난처해지고 직원들의 업무에도 부담을 주게 되었다. 아무리 밤낮으로 열심히 일한다 한들, 이런 류의 오만은 받아주기 힘들었다. 난 그녀와 결별을 생각했다. 다른 한국인 전문가들도 나의 의견에 동조했다.

한데, 이를 말린 것은 나의 큰누나 격인 미스 란이었다. 잘 타일렀으니, 한 번만 미뤄달라는 것이었다. 마침, 한국으로 잠시 귀환하기 위해 공항으로 가는 차 안에서 많은 생각에 잠기게 되었다.

그녀는 내가 필요로 하고 요구할 때면, 밤을 새워서라도 일을 마쳐내는 스타일이었다. 하지만, 그녀는 복잡한 상황을 단순화시키려고 시도하는 것보다 깊이 파고 세세히 작성하는 성향이 있었다. 그런데도, 그녀는 여전히 다른 전문가들에 비해 많은 장점을 가진 게 사실이었다. 이만한 직원을 당장 구해 낼 수도 없는 노릇이었다. 잠시 한국으로 귀국하는 하노이 노이바이 공항에서 난 그녀에게 용서의 메시지를 이메일로 썼다. 본국으로 귀환하기에 앞서, 결론을 내는 것이 사업이나 모두를 위해서 좋은 조치라고 생각했다.

마을행사에 사회를 보고 있는 미스 문

그녀는 나를 보조하여 라오까이 정부 회의 통역업무 이외에
공식문서 작성과 최종점검 등의 업무를 담당했다.

　모두가 힘들게 작성을 완성한 액션플랜 발표 워크숍 당일이었다.
시내 호텔에서 내외 중요 사업관계자와 관련 공무원들이 대거 참석
하였다. 한국에서 함께 이 사업에 참여한 교수들도 대부분 참석하였
다. 먼저 나의 종합적인 발표를 마쳤다. 이후 질의응답식 토론시간에
는 분야 대표 교수와 참여전문가들도 질의에 응답했다. 그날 참석한
코이카 사무소장은 한국어 통역을 활용하여, 매끄럽게 그날의 스피치
를 마쳤다.

　사실 나는 고민했다. '나도 한국어 통역으로 사업 액션플랜을 발표
할까?' 종합 액션플랜 계획 PPT를 그것도 영어로 발표하는 부담감
이 이만저만이 아니었다. 참석한 한국인들에게도 듣기엔 힘든 상황
이리라.

내가 겨우 영어로 발표한 내용을 액션플랜 작성과 취합에 참여한 그녀는 유창한 베트남어 통역으로 내 영어발표를 뛰어넘었다. 그날 워크숍에 대부분의 참석자가 베트남인들이었으니 발표한 내용의 이해도가 훨씬 높았으리라'라는 나만의 위안으로 그날 흘린 진땀에 대한 보상으로 생각했다.

언젠가, 그녀는 한국인 교수에게 이렇게 말한 적이 있다고 그 한국인 교수가 내게 전해 주었다. "이전 직장에서 상사와 부딪혀서 직장을 사직한 경험이 있었는데, 한국인과 근무할 때 가장 자기가 일을 편하게 할 수 있었다."라고, 그래서, "한국인 전문가와 함께 일하는 것이 자기 경력에 큰 보탬이 될 것 같다"라는 것이다.

그녀는 사업이 후반기로 접어들 무렵, 새로운 집을 장만했다. 남편이 축산공무원이면서, 애완동물병원 개업도 하는 등 부지런하게 일한 맞벌이 부부의 당연한 결과이리라. 난 가끔 직원들과 함께 미스 문의 집에 방문하여 정성으로 준비한 베트남 음식들을 맛보았다. 그녀는 사업 이후 다른 일자리를 찾았다. 라오까이 정부 관계자로부터 공무원 근무 제의도 있었는데 이를 거절하고 다시 사기업에 들어가 일하게 되었다. 한데, 난 은근히 라오까이 공무원이 되길 바랐었다.
그녀의 가정이 계속 잘되었으면 좋겠다. 라오까이를 방문하게 되면, 일단 그녀에게 연락한다. 하지만, 바쁜 회사 근무로 만나긴 쉽지 않았다. 사업 이후 라오까이시에 우정 방문하게 되면, 옛 공무원들과의 저녁 모임의 통역은 지금도 그녀에게 부탁한다.

8. 새침데기, 미스 따오

미스 따오를 채용하게 된 계기는 현지 농촌개발전문가들이 영어에 익숙하지 않았고, 8개 마을 지역개발사업의 방대한 업무량에 비해 일손이 달렸기 때문이었다. 그녀는 독일계 컨설팅회사에서 근무한 적도 있고, 첫 직장이 대학교 영어 강사로 근무한 경험도 있었다. 그래서 그런지 베트남어로 작성한 보고서를 미스 란이나 미스 뚜엣이 영어로 번역한 보고서가 군더더기 없이 매끄러웠다.

농촌개발전문가는 두 번에 걸쳐 교체되었다. 전반기는 다소 학구적인 미스 란이 맡았고 사업 중반기 이후엔 현장 경력 중심의 미스 뚜엣, 그러니, 미스 따오는 두 사람과 보조를 맞추어 일해야 했다. 미스 따오는 책을 많이 읽어서 그런지, 세상에 대한 비평이나 시각이 남달랐다. 사업에 대한 그녀의 건전한 비평은 꾸준하게 이어갔다.

얄미울 정도로 날카로운 그녀의 비평은 때론 날 힘들게 할 때도 있었다. 이런 그녀의 비평들은 모두가 뚜렷한 대책이나 개선 방향으로 현장의 문제를 명쾌하게 해결할 수 없는 그런 이슈들이 주로 많았다. 그녀는 8개 마을 가구 주민들의 수혜 품목과 활동으로 인한 사업 데이터를 처음부터 꼼꼼히 관리해주었다. 이런 그녀의 철저한 데이터 관리와 현장의 팩트를 내게 잘 전달해주었기에 사업활동을 공정성 있게 결과를 끌어낼 수 있었다고 본다.

사업 이후에 그녀는 뚜렷한 회사에 취직하는 대신에 집안에서 노모를 돌보며, 프리랜서로 일하며 지내고 있다. 한국으로 복귀한 어느 날 회사 일로 하노이와 호찌민 등 두 도시를 비행기나 차로 오가며 진행해야 하는 다소 복잡한 기관방문과 업무협의가 있었다. 일반회사에 취직하여 바쁜 미스 문은 시간을 내지 못하게 되어, 나름의 상황판단이 잘 되는 미스 따오에게 통역을 맡겼다.

현장강의가 진행되는 동안 의자에 앉아 현장서류를 정리하는 미스 따오

그녀의 꼼꼼한 현장 데이터관리로 사업활동의
공정성을 확보할 수 있었다.

한번은 타 기관업무 때문에 라오까이시를 방문할 수 있었다. 늘 바쁘게 되어버린 미스 문을 대신해서 이번에도 미스 따오가 출장에 합류했다. 하노이 인근에서 미스 따오를 픽업하고는 라오까이까지 동행했다. 여러 기관을 만나고 현장을 다녔다. 그런 비슷한 일들은 국제개발협력 ODA 사업에서 워낙 해오던 터라 기대 이상으로 잘 정리해 주었다. 국내에서 준비한 선물들을 다 활용하고, 마지막 남은 선물을 통역으로 수고한 미스 따오에게 주었다. 한데, 그녀는 라오까이 또순이, 미스 문에게 양보하겠다고 한다. 난 하노이로 향하기에 앞서, 간단한 메모와 작은 선물을 그녀 이름으로 호텔 로비에 맡겼다. 나는 그녀가 내게 한 수 가르쳐 준 대로 했다. 미스 따오가 다시 컨설팅 업무를 할 수 있으면 좋겠다.

9. 나의 형님, 미스터 테

미스터 테는 라오까이 정부 인민위원회 부위원장(우리나라 도(province)의 부지사 지위)이다. 그는 대부분의 공무원 생활을 군과 꼬뮨 등 일선 현장에서 근무했다.

베트남 사업의 사업조정위원회 위원장을 맡고 있어 사업행사 워크숍, 세미나 등 중요 행사 때는 그를 주빈으로 초대했다. 행사 서두에 하는 그의 스피치를 알아듣지는 못했으나, 원고도 없이 쩌렁쩌렁한 목소리로 힘주어 연설할 때면 그의 현장경험과 사업에 대한 열정이 목소리에 묻어 나오는 듯했다.

라오까이성 부인민위원장 겸 사업조정위원장, 미스터 테

그는 일선 현장에서 공직 생활을
오래 해서 그런지 연설할 때도 막힘이 없었다.
인근에 왔다가 사업 마을을 방문해 주민들을 격려하고 있다.

내가 베트남 ODA 사업에서 사업조정위원회(PSC)를 상설 회의체로 요청했을 때도 그는 그 위원회 필요성에 적극적으로 공감했고, 없는 시간을 쪼개어 가면서, 늘 나와 함께 보조를 맞추려고 노력했다. 현장에 대한 그의 애착은 각별했다. 내가 마을개발팀과 현장을 돌고 있을 때 예고 없이 나타나기도 했다. 주변 군 단위 회의나 행사를 마치고 우리 팀이 어느 마을에 머물고 있다는 것을 들을 때면, 마을주민을 격려하기 위해 회의장에 들르곤 했다.

구정 때다. 2015년 사업 첫해에 구정으로 라오까이시는 그야말로 텅 비었다. 베트남 사람들은 부지런했다. 이른 새벽 청소부 아저씨가 손수레를 이동하면서 길거리를 청소하는 모습에 놀랐다. 긴 구정이 시작된 것이었다. 거리의 가게, 상점 들은 다 문을 닫았다. 동네 슈퍼도 문을 닫는다 하여 생필품도 미리 사다 놓았다.

구정 전날, 그는 우리 PMC 사무소를 들렀다. 럭키 머니(Lucky Money) 봉투를 나와 직원들에게 건넸다. 제법 큰 돈을 넣었다. 어린 시절, 세뱃돈 받는 걸 은근히 바랬던 그 느낌이 베트남에서 다시 연출될지는 몰랐다.

라오까이는 욕심도 많았다. 라오까이 지방정부는 '366km 도로건설'에 코이카는 시멘트만 구입하고 나머지 골재(모래, 자갈), 작업 노임은 본인들이 해결하도록 처음부터 사업 구도를 그렇게 짰다. 라오까이 정부 측이 투입해야 하는 도로건설 사업비는 사업 내내 골칫거리였다.

라오까이 정부 측의 도로건설 예산투입이 점점 지연되기 시작했다. 일부 자재는 일단 외상으로 가져다가 시공하던 것도 더이상 쉽지 않게 되고 도로건설의 진도가 한참이나 늦어지고 있었다. 도로예산 확보라는 어려운 문제를 해결하기 위해 미스터 테는 재정국장을 PSC(사업조정위원회) 회의에 참석하도록 했다. 밀고 당기는 예산확보 과정에서 마침내 사업 중반을 넘어서자 일거에 해결되었다.

그는 후일담으로 'PMC가 열심히 일하여 큰일을 해내고 있는데, 우리도 이런 좋은 기회를 놓칠 수 없어 그해 다른 목적의 예산을 투입했다.'라고 고백했다. 암튼 그는 '예산동원 관련해서 평소 무슨 수를 써서라도 해결하리라'라는 그의 약속을 지켰다.

난 사업 기간에 한국과 베트남을 여러 차례 오갔다. 베트남을 떠날 때도, 한국에서 다시 사무소로 복귀했을 때도 순간마다 그를 만나려고 노력했다. 한국에서 머무는 동안 사업 발주자(client)와의 회의 결과 등 관심 있을 법한 이야기를 전해 주었다. 라오까이를 떠날 때는 한국에 있는 나의 아내를 염려해주고 안부와 함께 조그만 선물까지 챙기는 것을 잊지 않을 정도로 그는 자상하였다.

평범한 전문가인 한국인들을 라오까이 정부와 그는 늘 귀한 손님으로 대했고 라오까이 정부 주요행사 때마다 초대해 주는 등 진정한 개발협력 파트너로 예우해 주었다. 그런 의리 있는 태도를 보여주니 나도 최선을 다하고 싶었다. 베트남에 갈 일이 생기면 또 그를 만나고 싶다.

10. 떠오르는 빙 국장

빙 국장은 젊다. 초기 베트남 ODA 사업 협력파트너로 함께 일했던 사업 담당 소장이 군수로 영전하게 되었다. 그리고는 전임소장 후임으로 빙 국장이 온 것이다. 애초 ODA 사업소도 라오까이지방 정부의 국(Department)으로 승격되는 조직개편이 있었다. 그는 베트남 공산당 간부의 아들이었다. 어디서나 역시 배경이 최고라는 생각과 함께, 사업 진행이 조금 염려되기도 했다.

신임 국장으로 부임한 빙 국장을 축하하기 위해 그의 사무실로 찾아 갔다. 그는 새로 맡게 된 부서의 업무파악에 정신없이 바빠했다. 그는 나와의 첫 만남 자리에서 '이 사업에 필요한 모든 지원과 참여를 아끼지 않겠다'라고 했다.

그러더니, 정말로, 그는 웬만한 회의에도 그리고 상당히 먼 사업지구 마을 현장에도 자주 찾아왔다. 젊은 공무원들과도 잘 어울렸다. 한편, 주요 회의나 워크숍 때에는 노련한 참모공무원들의 권고를 주로 경청하고 존중하는 것이 눈에 보였다. 처음 나의 그에 대한 우려는 기우에 불과했다. 다행이었다.

대외사업국은 사업의 6개 사업 부문을 각자 국들이 활동들을 취합하거나 사업 전체를 조율해야 할 때 빙 국장과 그의 팀이 나섰다. 각 사업활동을 진행하고 있는 관련 국(Department)들로부터 자료를 받아 이를 취합하고 조정하는 역할도 했다. 골칫덩어리였던 라오까이 지방 정부 측 도로건설 예산확보 노력도 이 대외사업국이 주도하였다.

PSC 회의 때 서서 발언하는 빙 국장

그는 항상 최선으로 사업에 참여하겠다고 언약했고
그 말을 지키려고 노력했다.
진정한 사업의 주인 역할을 했다.

국제개발협력 사업 파트너로 제법 손발이 맞기 시작하면서 그는 내 사무 실로 먼저 찾아오기 시작했다. 늘 바쁜 사람이어서, 내가 그의 사무 실로 찾아가는 게 통상적이었는데 내 사무실로 굳이 오는 것이었다. 특별한 이유가 있는지 굳이 묻지 않았다.

어느 날엔가는 PMC 사무소의 응접실 자리에 앉더니, '이렇게 많은 관련 국(Department)들이 참여하는 사업활동들이 원활히 진행되고 있으니 참 신기하다'라는 취지의 발언을 하였다. 그러고 보니, 우여곡절 끝에 액션플랜 완성된 이후, 6개 사업 부문을 가진 다소 복잡한 프로그램 규모의 사업이 지방 단위에서 무난히 진행되고 있었다.

사실, 사회주의 성격이 강한 나라일수록 각각의 대등한 국(Department)들 사이에 병렬적(Parallel) 협업이 서툴렀다. 굳이 다른 국(Other Department)의 일에 알려고도 하지 않는다는 느낌을 받기도 했다. 이런 거버넌스의 단점을 극복한 것은 '사업조정위원회(PSC)의 역할' 덕분인 것 같았다. PSC의 장점을 모를리 없는 그가 그런 말을 하는 것은 아마도 예의상 대화 서두에 사용한 말인지도 모르겠다. 그가 계속 정부 리더로 잘 성장할 수 있으면 좋겠다.

책을 나가며

과테말라 사무소에서

과테말라 사무소에서

    처음에 책 쓰기를 계획하면서 ODA 프로젝트의 전문적인 경험을 이야기처럼 풀어내려고 했지만, 결과는 전문성은 고사하고 편협한 에피소드만을 나열했다는 느낌을 지울 수 없다.

프로젝트는 내게 지구 저편 농촌의 보통 사람들을 만날 수 있는 일 생의 특별한 기회를 주었다. 마치 여행과도 같았던 활동의 흔적과 장소들은 내 가슴에 남았다.

프로젝트 중심엔 늘 작은 성과에도 감사했던 따뜻한 사람들이 있었기에 지금까지 이 길을 걸어왔다. 그분들에게 이 책을 바치고 싶다. 언젠가 우리와 함께했던 시절의 그들 가슴속의 진솔한 에피소드를 들을 수 있는 그날이 올 수 있을까.

| 약어 및 국제개발협력 용어 |

☞ 〈약어 및 용어〉 - 영어 순

DAC   Development Assistance Committee, 개발원조위원회

BOQ   Bill Of Quantity, 수량서, 적산서

DFID   Department for International Development, 개발협력국, 영국

M&E   Monitoring and Evaluation, 모니터링 및 평가

FGD   Focus Group Discussion, 집단토론

KOICA   Korea International Cooperation Agency, 한국국제협력단

LOI   Letter Of Interest, 입찰의향서

NRD   New Rural Development, 베트남 신농촌개발정책

NIAPP   National Institute for Agricultural Planning and Project, 국립농촌계획 및 사업기관

ODA   Official development assistance, Grant 공적개발원조

PAO   Project Action Officer 사업활동관리자

PCP   Project Concept Paper, 사업개념서 혹은 사업수요 요청서

PDM   Project Design Matrix, 사업설계 매트릭스

PM   Project Manager, 사업관리자

PMBOK   Project Management Body of Knowledge, 프로젝트 콘텐츠 기관

PMC   Project Management Consultant, 사업실행 컨설턴트 그룹

PMU   Project Management Unit 사업관리사무소

PRA   Participatory Rural Appraisal, 참여형 농촌평가

PRPP   Poverty Reduction Policies and Program Project, 빈곤 감소 정책개발 및 실행사업

PSC   Program or Project Steering Committee, 사업조정위원회

RD   Record of Discussion, 양해각서

SDG   Sustainable Development Goal, 지속개발목표

SNS   Social Network Service 사회적 네트워크 서비스

SWOT   StrengthsWeaknessOpportunityThreats 스왓분석

TOT   Training for Trainer 교사역량강화

UPS   Uninterruptible Power Supply 무정전 전원공급장치

VDC   Village Development Committee, 마을개발위원회

VSLA   Village Savings and Loan Association, 마을 저축 대출조합

WB   World Bank 세계은행

☞ 〈개발협력 용어〉 - 영어순

Action Plan 사업활동계획서

AgriBank 농업은행, 베트남

Bank for Social Policies, Vietnam 사회정책은행

Cause Chains 원인 고리

Field Expert 분야전문가

Implementation Approach Methodology 실행접근방법

Implementation Platform 실행 플랫폼

Implementation Framework 실행체계

International Development Cooperation 국제개발협력

Logical Framework 논리체계

Logical Path 논리적 경로

Logical Structure 논리적구조

Livelihood 생계

Livelihood Capability 생계 능력

Recipient Country 수혜국, 협력대상국

Problem Tree 문제 트리

Project Component 사업 부문

Project Activity 사업활동

Project Beneficiary 사업수혜자

Project Contents 프로젝트 콘텐츠

Project Impact 사업 영향

Project Objective 사업목표

Project Outcome 사업성과

Project Output 사업산출물

Project Field or Specialty 사업 분야

Project Stakeholder 사업참여자

Project Component 사업 부문

Small Holder Farmer 소농

Sustainable Livelihood 지속 가능한 생계

Verifiable Indicator 검증지표

Value Chain 가치사슬

| 차례 – 그림, 표, 설명 BOX |

〈그림〉

| 부 록 |

1. PCP(Project Concept Paper) titles <example>
2. RD(Record of Discussion) titles <example>
3. 프로젝트 개요
   - 베트남 라오까이 행복프로그램
   - 탄자니아 모로고로 농촌종합개발사업
   - 과테말라 난민정착지원 및 교육강화사업
4. 사업결과 요약 <예>
   - 탄자니아 모로고로 농촌종합개발사업
5. PRA 조사결과 <예>
   - 베트남 라오까이 행복프로그램
     - ✓ Crop calendar in Sang Man Than Village, LaoCai Province
     - ✓ Ecological features in Sang Man Than villages, LaoCai Province
     - ✓ SWOT Analysis in Sang Man Than villages, LaoCai Province
     - ✓ Actual situation of plantation in Sang Man Than Village, LaoCai Province

1. PCP[57](Project Concept Paper) Titles

PCP Titles

section 1. Basic Project Information

section 2. Project Description
- 1.1 Objective/Outcome/Output of the project
- 1.2 Activities

section 3. Project Rationale
- 1.1 Situational Analysis
- 1.2 Problem to be Addressed
- 1.3 Country Development Strategies and Policies
- 1.4 Justification for Intervention
- 1.5 Lessons Learned

section 4. Stakeholder Analysis
- 1.1 Target Beneficiary
- 1.2 Other Stakeholders

section 5. Project management and Implementation
- 1.1 Project Management
- 1.2 Management of Construction Work {if any}

section 6. Sustainability
- 1.1 Expected impacts of the action
- 1.2 Sustainability after completion of the project

section 7. Monitoring and evaluation
- 1.1 Inception phase
- 1.2 Implementation phase
- 1.3 Final phase

section 8. Risk and assumption
- 1.1 Risk analysis, and management
- 1.2 Precondition and assumption

Annex 1. Project location map
- 1. Project design matrix
- 2. Project work plan
- 3. Estimated budget sheet
- 4. Environmental screening check list
- 5. Gender & development checklist

---

57) PCP는 사업요청을 위하여 상대방 정부가 우리나라 대사관 혹은 KOICA 지역사무소에 제출하는 최초 공적 보고서이다. 아래는 PCP에 담아야 하는 내용의 차례이다. 나라마다 조금씩 차이는 있었다. PCP를 구성하는 제목들을 살펴보면 하나의 후보 사업의 신청서를 작성하기 위해서는 상당히 전문적인 조사와 준비가 필요함을 알 수 있다.

2. RD[58](Record of Discussion) Titles

RD Titles

I. **Outline of the Program**
Title Goal Objective
Program Duration Program Site Program Budget
Summary of Program components Implementing Agencies

II. **Undertakings of Respective Governments regarding Program**
Undertaking of the Republic of Korea Undertaking of the Recipient Country
Measure for the Dispatched Korean Experts Measure for the Equipment and
Material Installation of the Program Office

III. **Initiation of the Program**
IV. **Mutual Consultation**
V. **Evaluation of the Program**
VI. **Promotion of Understanding and Support for the Program**

Annex 1. Project location map
2. Tentative Schedule for the Program

---

58) 양해 각서(RD) 시행자(공기관)와 개발협력 대상국 당사자/사업수혜 자 사이의 문서로서 PCP 제출
이후 사업 형성이 공적으로 완성되어 사업실행을 기다리게 된다. 사업실행자(PMC)의 법적 지위,
편의 사항에 대한 보장 등도 포함되어 있어 사업 기간 내 필요한 문서이다.

3. 프로젝트 개요 1/3

• 베트남 라오까이 행복프로그램

프로그램명		베트남 라오까이 행복프로그램
• 사업목적		베트남 라오까이성 주민 빈곤감소, 역량 강화, 생활개선, 라오까이 지방 정부의 행정 효율성 강화 및 소수민족 자치역량 향상
• 사업지역/수혜자		베트남 라오까이성 지방 4개 군
• 사업 기간		2015.~2018. (3년)
• 사업비		14백만 불(베트남 측 13.5백만 불 별도 〈도로건설 노임포함〉)
• 수행기관		한국농어촌공사(주관사), 영남대학교, 대전보건대학교
• 발주자		한국국제협력단(KOICA)
사업 부문 및 주요 내용	기반조성	도로 건설 부문 366㎞(4개 군), 8개 시범 마을개발 부문(시설, 소득증대 등 3개 군)
	보건	모자보건 기초/전문요원 920명 재교육 및 학위과정 지원 우수교육생 30명, 여성연맹 240명 역량 강화 등)
	교육	소수 부족민 학생 방과 후 프로그램(120명, 64주간), 교사역량 강화(90 명, 450회/45분 수업)
	지방행정	지방행정 정책자문, 지자체 자매결연, 지방공무원 대상
	새마을운동	도·군·면 공무원, 주민교육(VDC, 마을 포럼, 현장견학, 연차워크숍) 등
• 전문가 파견		PM, PD, SAO, 기반조성(도로), 새마을 교육, 보건, 교육, 지방행정 등 172 인월
• 국내초청 연수		총 6회(농촌개발, 보건, 지방행정 각 2회) 각 2주간

3. 프로젝트 개요 2/3

- 탄자니아 모로고로 농촌종합개발사업

프로젝트명		탄자니아 모로고로 농촌종합개발사업
· 사업목적		팡가웨 면의 빈곤퇴치를 위한 생계, 생활환경 및 교육시설 개선
· 사업지역/수혜자		탄자니아 모로고로 팡가웨 면
· 사업 기간		2011~2013 (3년간)
· 사업비		2백만 불
· 수행기관		한국농어촌공사
· 발주자		한국국제협력단
사업 부문 및 주요 내용	농업 인프라 구축	농지조성 65 Ha, 영농창고, 농기계창고 및 농기계 보급, 축산 센터(소, 양계장 등)건립,
	생활 및 교육 인프라 구축	지하수 개발(2공), 식수대(7개소), 마을회관, 종합초등학교 건립 및 운영 자재 구축, 마을진입로건설, 빗물받이물탱크, 상수도 물 탱크, 태양발전 1식(학교전기공급)
	소득증대	식량 확보용 농사 및 영농기술지원 65 Ha(옥수수, 카사바, 해바 라기 등), 축산(소 33, 양계 1,300마리, 유산 양 55마리 등)
· 전문가 파견		PM, 건축, 관개, 영농, 축산 등 62인월(Man-month)
· 국내초청 연수		농촌개발, 2회(관리자, 실무자과정) 각 2주간

3. 프로젝트 개요 3/3

- 과테말라 난민정착지원 및 교육강화사업

프로젝트명	과테말라 난민정착지원 및 교육강화사업
• 사업목적	안정적인 난민정착을 돕기 위한 직업훈련 교육센터 건립 및 운용과 마을소득증대사업을 통한 빈곤 탈출 지원
• 사업지역/수혜자	과테말라 4개 지방 4개 마을주민
• 사업 기간	2007.~2009. (2년간)
• 사업비	2.5백만 불
• 수행기관	한국농어촌공사
• 발주자	한국국제협력단

사업 부문 및 주요 내용	마을 인프라	직업훈련센터건립(목공, 봉제, 컴퓨터) 및 마을회관건립 (4개 마을)
	생활시설개선	마을 안길, 부엌, 지붕, 화장실
	소득증대/ 역량 강화	봉제, 목공, 컴퓨터 합숙교육, 영농재배(브로콜리, 컬러플라워 등), 수산양식, 마을별 현지인턴 파견 등

• 전문가 파견	PM, 현지 전문가(건축, 영농, 행정, 통역 등)
• 국내초청 연수	농촌개발, 2회(관리자, 실무자과정) 각 2주간

탄자니아 모로고로 농촌종합개발사업(2011~2013)

사업추진 배경

▶ 탄자니아는 농업농촌개발을 최우선 과제로 정책수립을 하고 한국정부에 2009년 9월 모로고로주 팡가웨 마을의 농촌종합개발사업 지원을 한국 코이카에 요청함.

▶ 이에 코이카는 탄자니아 모로고로에 2010년 5월 현지 타당성조사단을 파견한 이후, 한국의 1970~80년대의 성공적인 농촌개발경험(새마을운동)을 아프리카 대륙에 기술전수하고 한국형 농촌개발 모델마을을 개발지원하기 위해 2010년 10월 원조사업으로 확정하고 2011년 1월 본격적으로 본 사업을 시행하게 되었음.

▶ 본 사업은 농업을 최우선으로 하는 탄자니아국의 정책방향에 부응될 뿐만 아니라, 사업시행을 통해 마을발전에 필요한 필수 인프라구축을 위해 마을도로, 마을회관, 농 산물저장창고, 초등학교건립, 축산센터, 영농사업(65헥타), 농기계도입, 생활용수개발이 완공하였고 시설운영의 주체인 소프트 파워의 육성을 위해 영농, 축산조합원의 결성, 교육, 조합활동 활성화를 통한 마을성장의 역군배양을 통해 지속가능한 농촌마을 탄생에 기여하였으며 팡가웨마을을 탄자니아 농촌시범마을 육성하였다는데 큰 의의가 있음.

사업시행체계 및 전략

▶ 사업시행 체계도

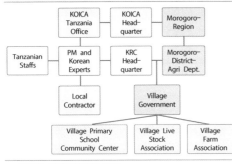

- 농촌마을의 소득증대의 주요원천인 농업, 축산을 중심으로 한 직업형 조합 창설

- 사업부문 시행의 주역이 마을주민 들이 될 수 있도록 역량강화 교육 및 훈련을 통한 조합리더 육성

- 완공된 인프라(도로, 마을회관, 저장창고, 농기계, 축산센터 등) 활용 및 관리가 가능하도록 훈련 및 기술지원 추진

▶ 연도별 사업부문시행 전략

구분	제1단계 (2011년도)	제2단계 (2012년도)	제3단계 (2013년도)
	계획수립 및 기초 인프라지원단계	본격 사업 추진 단계	사업 정착 지원 단계
사업 단계별 실시 내용	• 사업 사무소 설치 • 사업 착수회 실시 • 시공을 위한 설계실시 • 시공을 위한 국제경쟁 입찰 실시 • 마을 가구조사 실시 • 영농 및 축산을 위한 기초자료 수집	• 옥수수농장 조성완료(65ha) • 영농을 통한 빈곤해소추진 • 영농을 위한 관개시설 구축 • 영농기금 조성 및 운영 • 축산보급 및 센터운영계획 수립 • 공공시설물, 상수도등 생활환경개선 추진	• 영농조합 지속운영 지원 • 축산조합 지속운영 지원 • 조합 능력배양지원 • 완공공공시설물 유 지관리 지원

- 제 1단계:
사업시행을 위한 Stakeholder간의 소통 및 시행업무체계 확립

- 제 2단계:
사업마을내 인프라구축 및 소프트 파워 육성을 위해 Stakeholder별 책임과 역할시행

- 제 3단계:
조성인프라 및 조합 활동이 지속운영이 되도록 기술지원 추진

4. 사업결과 요약 〈예〉 - 탄자니아 모로고로 농촌종합개발사업 1/4

사업부문별 성과

▸ 영농사업 부문

농지조성 작업(65헥타르)

밭 조성 갈기

쇄토 작업

나무뿌리 제거

잡목제거

영농활동 작업(옥수수 재배)

농지조성측량

파종

제초제 살포

잡초제거

옥수수 수확 및 판매

옥수수 수확

옥수수 건조

옥수수 저장

옥수수 조합분배

광활한 옥수수 밭 전경(65 헥타르)

▸ 영농부문 사업성과

- 주민 및 PMC 사업단 65 농지조성(3개월) /트랙터 5대, 경운기 3. 일 평균 150 조합원 참가.
- 영농활동(파종, 시비, 제초, 비료, 수확, 탈곡, 건조, 판매 및 저장4개월) 일 평균 150명 참여

〈영농 1차연도-2012〉

- 총 수확량: 163ton/60헥타르, 분배: 115ton(참여비율고려). 338가구 혜택.
  판매수익: 13,649US$(21,157,000Tsh, 1US=1550), 평균 2.7ton/ha(탄자니아 평균 0.8ton/ha)

〈영농 2차연도-2013〉

- 총 수확량: 105ton(옥수수)/40헥타르, 9.4ton(해바라기)/20헥타르,
  참여비율로 분배(56ton), 잔여 50ton 창고저장(판매예정)

4. 사업결과 요약 〈예〉 - 탄자니아 모로고로 농촌종합개발사업 2/4

사업부문별 성과

▶ 축산사업 부문

개별농가 축산부문

| 염소를 받아 증식한 농민 | 개별농가에서 자라는 닭 | 축산조합원(교육 후) | 교육 후 병아리를 부화한 모습 |

축산센터 중심부문

| 소 사육시설 | 축산센터 내 소들 | 양계장 시설 | 양계장 내부모습 |

축산센터 부속시설

| 축산센터 관리소 | 집수 탱크 시설 | 건 초 장 | 세 욕 대 |

축산센터 전경

▶ 축산부문 사업성과

〈축산 1차연도-2012〉 - 개별농가 중심사업

- 양계 1300마리 보급(60명, 축산조합원), 부화 및 양계 성공 가정 다수, 일부 200-500마리/가구당 보유
- 유산 양 55마리 보급(50명, 축산조합원), 성공사례, 현재 8마리 사육(1마리 분양받음)

〈축산 2차연도-2013〉 - 축산센터 중심

- 소, 33두 육우 도입(임신 3마리), 매년 50% 숫자 증대 예상
- 양계, 200두 산란계 도입(말라위 종), 현재 계란 생산 중

4. 사업결과 요약 〈예〉 - 탄자니아 모로고로 농촌종합개발사업 3/4

사업부문별 성과

▶ 인프라 사업 부문 (1)

초등학교 시설 전경

학교 입구

학교 옆면 전경

학교 뒤 전경

학교 행정실

유치원

교실+도서관

태양광발전

운동장

놀이시설

우수 집수 탱크

화장실

물탱크

초등학교 전경

▶ 인프라성과 (1)

- **초등학교건물(7개 동, 1,143㎡)**

  - 교실(3개 동, 18*9m/동), 교실+도서관(1개 동, 18*9m), 행정실(1개 동, 27*9m), 화장실(2개 동, 8*9m/동)

- **기타 지원시설**

  - 축구장(100*60m), 배구장(31*15m), 놀이시설(10개소), 화단(970㎡), 빗물받이 물탱크(1개소, 10㎡)
  - 상수도 물탱크(3개, 15㎡), 태양광발전(1식, 540w)

4. 사업결과 요약 〈예〉 - 탄자니아 모로고로 농촌종합개발사업 4/4

사업부문별 성과

▶ 인프라 사업 부문 (2)

관사 및 곡물 저장창고

| 교사숙소 | 진료소 숙소 | 곡물 저장창고 1 | 곡물 저장창고 2 |

마을회관 및 농기계창고

| 마을회관(외부) | 마을회관(내부) | 농기계창고(외부) | 농기계창고(내부) |

도로 및 지하수 개발 등

| 마을 진입도로 | 지하수 관정 및 발전기실 | 식수대 | 사업 마을 입구 현판 |

마을회관 및 농기계창고 전경

▶ 인프라성과 (2)

- 교사숙소(1개 동, 33*12m), 진료소 숙소(1개 동, 33*12m), 곡물 저장창고(2개 동, 66㎡).
- 마을회관 및 영농창고(1개 동, 33*12m), 농기계창고(1개 동, 25*8m), 농기계(트랙터(2), 경운기(3), 탈곡기(1), 플 란터(1), 예비 타이어(3), 보수 장비 등), 마을 도로(L=6,280m, B=6m)
- 지하수 개발(2공, 심도 100m, 양수량 1~3㎥/hr), 식수대(7개소), 관정 및 발전기실(2개소, 발전기 1.5kw)

사업 주요행사

▶ 사업착수 마을 주민회의 및 워크숍 개최

최초 마을주민 회의

사업설명을 경청하는 주민

사업 착수회(모로고로시)

사업부문내용 발표

▶ 마을 조합원 회의

농지를 조성한 후의 환호

농사 일 도중 구호 외침

농민조합 역량강화교육

수확물판매를
논의하는 모습

▶ 사업 착공식

국기에 대한 경례

착공식장 들어서는
양국 귀빈

팡가웨마을 주민들의
환호

초등학생들의 축하 댄스

사업의 원조 효과성 측면

▶ 본 사업의 영농(옥수수-65헥타)조합원 200명, 축산농가조합원 60명의 마을조합원들이 사업기간 (2011~2013)동안 지속적인 농축산 기술 지도를 바탕으로 가난극복 및 식량난 해결을 위한 실질적 이 고 대규모 성과를 주민들이 몸으로 체득하고 다양한 학습을 통해 소프트 파워가 육성되었고,
▶ 주민들의 적극적인 참여로 광활한 농지조성(65헥타)이 완료되었으며, 마을도로, 마을회관, 농산물저 장창고, 초등학교 건립, 축산센터, 농기계도입, 생활용수개발 등 지속가능한 농촌마을 도약을 위해 필 요한 핵심 인프라 구축이 완료되었음
▶ 사업종료 후 마을 내 사회자본의 축적이 한층 개선되고 그동안의 주민역량의 뚜렷한 성장을 통해 본 사 업으로 인해 한국의 농촌개발경험(새마을운동)이 탄자니아 모로고로 지역에 성공적으로 전파되었 는 바, 아프리카지역의 한국개발경험 전수의 모범사례가 됨은 물론 타 지역에도 사업효과 전파에 크 게 기여할 것으로 판단됨.

5. PRA 조사결과[59] 〈예〉 – Crop calendar in Sang Man Than Village, LaoCai Province

Rainfall/Temp Month	1	2	3	4	5	6	7	8	9	10	11	12
Wet rice				///////////								
Field rice			\\\\\\\\\\									
Maize			///////////									
Soybean			\\\\\\\\		\\\\\\\\							
Vegetables							///////					
Plum					\\\							
Crop diseases			** **				** **		***	***	***	
Livestock diseases												
Capital demand			** **									
Labor demand			***	***			** **	** **				
Food shortage												
Product sale												

---

59) 1> understanding weather conditions by months in association with disease in order to allocate crops and prevention properly. Additionally, the calendar will also useful for stakeholders in arranging activities and inputs in time so that local people are able to contribute their assistance.
   2> PRA 보고서, 인용; Result of Participatory Assessment and Village Development Plan at Sang Man Than village- Under the Framework of Lao Cai Happiness Program, NIAAP, Nov 2015.

5. PRA 조사결과 〈예〉 – Ecological features in Sang Man Than villages, LaoCai Province

	Natural forest	Maize field	Resident/HH garden	Wet rice	Maize field
Soils and soil quality	Slope land, rocks	Poor soils, rocks.	Good soils	Good soils, less rocks	Poor soils, rocks
Crops and livestock	Pine and mixed woods	Maize and rice rotation. Grass land for animal husbandry	Wet rice, vegetables. Buffalo, pig and chicken	Plum, fruit trees and vegetables.	Maize, rice and soybean. Buffalo
Land use and management rights	Land use right certificate already issued.	Red certificate already issued	Red certificate already issued	Red certificate already issued	Red certificate already issued
Income generation	Forestry trees ad forest by-products	Rice and maize	Rice, vegetables. Buffalo, pig and chicken	Fruit trees and mixed woods. Livestock.	Maize and soybean. Grass land for livestock.
Potentials	Forestry trees and cardamom.	Rice, maize and grass land for livestock.	Rice and vegetables. Buffalo and pig.	Fruit trees and vegetables. Pig and chicken.	Maize, rice and soybean. Grass land for livestock.
Challenges	Slope land. Hard accessible.	Poor soils and rocks. Water irrigation shortage, many diseases.	Small area. Many diseases. Capital and technique shortage.	Small area, no planning for plantation and livestock. Contamination.	Poor soils. Many diseases. Water shortage.
Solutions	Build access road to forestry area. Experiment new forestry trees.	Apply soil improvement measures and crop rotation. Training on intensification.	Training on new varieties with high productivity. Apply soil improvement measures.	Planning for crops and livestock. Build cage and compost latrine. Training on mixed garden techniques.	Apply soil improvement measures. Training. Build access road.

5. PRA 조사결과 〈예〉 - SWOT Analysis in Sang Man Than villages, LaoCai Province

Strengths
- Available cultivation land
- Abundant labor
- Road between village and commune concreted.
- Soils suitable for vegetables (cabbage, celery cabbage, etc.)
- High solidarity among community

Weaknesses
- Water irrigation rice shortage, sing rice crop only.
- Slope cultivation land, small plot.
- Poor village and production roads.
- Many illiteracy people, especially old people.
- Less trained labors
- Household water shortage
- Production capital shortage
- Poor sanitation

Opportunities
- Support and State's policies and foreign projects.
- Vegetables consumed easily.
- Weather suitable for vegetable and fruit trees (plum)

Threats
- Unstable prices (maize), low price, hard consumption
- Drought, cold and white frost
- Diseases among pig and chicken
- Rice and vegetable diseases

Source : Derived from PRA analysis.

5. PRA 조사결과 〈예〉 - Actual situation of plantation in Sang Man Than Village, LaoCai Province

Crops	Area (ha)	HHs involved	Main used varieties	Variety productivity (ton/ha)	Input level (high, low)	Diseases (less, moderate, many)	Selling price (1,000VND/ kg)	Development potential (Good, mod., poor)
Wet rice	11	42	838 : 20% VL20 : 60% TQ : 20%	V1= V2= 4.5 V3= 4	High	Many	5 7	Moderate
Field rice	11		100% local variety	2	Moderate	Many	5-6	Poor
Spring-Summer maize	30	42	Local variety : 80% Hybrid winter + NK66 : 20%	2.5 4.5	Moderate	Less	4.5 4	Moderate
Peanut	2	10	Local variety		Moderate	Less	20	Moderate
Vegetable	2	42			High	Moderate		Good
Plum	1	6	Tả Van	300 kg/tree	Less	Less	20	Good

| 참고문헌 |

한국국제협력단, 2018, 국제개발협력 프로젝트 실행과 관리.

한국국제협력단, 2018, 사업보고서-베트남 라오까이 행복프로그램.

한국국제협력단, 2015, 베트남의 새농촌개발프로그램과 새마을운동의 비교연구에 관한 한국·베트남 공동정책연구.

한국국제협력단, 2013, 사업보고서-탄자니아 모로고로 농촌종합개발사업.

한국국제협력단, 2009, 사업보고서-과테말라 난민정착 및 교육강화사업.

한국국제협력단, 2016, 농촌개발 중기전략(2016-2020).

한국국제협력단, 2018, KOICA 프로그램기반접근법(PBA) 사업 현황분석 및 이행방안 연구.

DFID, 2003, Sustainable Livelihoods: A Case Study of the Evolution Policy Irish Aid, 2013, Ethnic Minority Poverty(2007~2012), Sub-PRPP-CEMA. JICA, 2008, Guidance for Countermeasure Planning with Logical Framework Approach.

Value chain development for rural poverty reduction: a reality check and a warning Dietmar Stoian, Jason Donovan, John Fisk and Michelle F. Muldoon.

김선호, 2017, 농촌계획학회, 역량강화사업이 베트남 북부 소수 부족민 마을의 생계 자산에 끼친 긍정적 영향에 관한 연구.

김선호, 2018, Vietnam National University of Agriculture, Improving Livelihood of Ethnic Minority Households in Lao Cai Province of Vietnam.

김선호, 2017, Vietnam National University of Agriculture, Developing Corn Value Chains of Minority Ethnic Households in Lao Cai Province, Vietnam.

국제개발협력
사업현장 이해

초판인쇄 2021년 4월 30일
초판발행 2021년 4월 30일

지은이 김선호
펴낸이 채종준
펴낸곳 한국학술정보㈜
주소 경기도 파주시 회동길 230(문발동)
전화 031) 908-3181(대표)
팩스 031) 908-3189
홈페이지 http://ebook.kstudy.com
전자우편 출판사업부 publish@kstudy.com
등록 제일산-115호(2000. 6. 19)

ISBN 979-11-6603-413-8 03330